Otto Süß

Geschichte der Königlichen Schloß-Garde-Kompagnie zur Feier ihres 50jährigen Bestehens

Otto Süß

Geschichte der Königlichen Schloß-Garde-Kompagnie zur Feier ihres 50jährigen Bestehens

ISBN/EAN: 9783743357273

Hergestellt in Europa, USA, Kanada, Australien, Japan

Cover: Foto ©ninafisch / pixelio.de

Manufactured and distributed by brebook publishing software (www.brebook.com)

Otto Süß

Geschichte der Königlichen Schloß-Garde-Kompagnie zur Feier ihres 50jährigen Bestehens

Geschichte
der
Königlichen Schloß-Garde-Kompagnie
zur Feier

ihres 50jährigen Bestehens.

Von

O. Süß,

Premier-Lieutenant à la suite der Garde-Invaliden-Kompagnie, kommandirt zur
Schloß-Garde-Kompagnie.

———

Berlin. 1879.
Ernst Siegfried Mittler und Sohn.
Königliche Hof-Buchhandlung.
Kochstraße 69.

Unteroffizier
von der Garde-Unteroffizier-Compagnie
im Schloss-Gala-Anzuge.

1829.

Unteroffizier
von der Schloss-Garde-Compagnie
im Schloss-Gala-Anzuge.

1879.

Unvergeßlich ist jedem echten Soldaten die Stunde, in welcher ihm sein Fürst und Kriegsherr zum ersten Male gegenübertritt, und die schönste Erinnerung bleibt es ihm, wenn er durch einen glücklichen Zufall — wenn auch nur auf Minuten — in die Nähe seines geliebten Königs gebracht wird.

Dieses Gefühl der unbegrenzten Verehrung für die geheiligte Person des Fürsten findet seinen Ausdruck auch in dem Ansehen, welches die zum Dienst in dessen unmittelbarer Nähe bestimmten Truppentheile bei den übrigen Kameraden genießen, und unter diesen in erster Linie diejenige Truppe, deren Angehörigen es auf Grund besonders guter Dienstführung oder bewiesener Tapferkeit vor dem Feinde vergönnt ist, im Innern der Königlichen Residenz-Schlösser bei Feierlichkeiten in unmittelbarer Nähe Seiner Majestät des Kaisers und Königs den Ehrenwacht-Dienst versehen zu dürfen: ich meine die Schloß-Garde-Kompagnie.

Von diesem Gesichtspunkte aus erscheint es durchaus angemessen, wenn gelegentlich des fünfzigjährigen Bestehens dieser Truppe in Nachfolgendem einige Mittheilungen über deren Gründung, Bestimmung und Verwendung gemacht werden.

Die Schloß-Garde-Kompagnie, welche früher die Bezeichnung „Garde-Unteroffizier-Kompagnie" führte, ist durch nachfolgende Allerhöchste Kabinets-Ordre vom 30. März 1829 in's Leben gerufen worden:

> „Ich habe beschlossen, eine Garde-Unteroffizier-Kompagnie zu errichten, welche die Königlichen Schlösser und Gärten beaufsichtigen und bei feierlichen Gelegenheiten den Wachtdienst im Innern verrichten soll. Das Kommando über die Kompagnie will Ich Ihnen übertragen, indem Ich das Vertrauen in Sie setze, daß Sie dasselbe zu Meiner Zufriedenheit führen werden. Der General der Infanterie Herzog Carl von Mecklenburg wird Ihnen die näheren Bestimmungen dieserhalb ertheilen.
>
> gez. Friedrich Wilhelm.

An den Major und Flügel-Adjutanten v. Thümen."

Die Kompagnie ist stark:
- 1 Feldwebel-Lieutenant,
- 2 Feldwebel-Sergeanten,
- 5 Feldwebel-Unteroffiziere und
- 62 Unteroffiziere

in Summa: 70 Mann, von denen
- 1 Feldwebel-Lieutenant,
- 1 Feldwebel-Sergeant,
- 4 Feldwebel-Unteroffiziere und
- 45 Unteroffiziere in Berlin,
- 1 Feldwebel-Sergeant,
- 1 Feldwebel-Unteroffizier und
- 15 Unteroffiziere in Potsdam,
- 2 Unteroffiziere in Kassel auf Wilhelmshöhe

stationirt sind. Bis vor circa 30 Jahren waren auch in Charlottenburg einige Mann garnisonirt.

Durch Allerhöchste Kabinets-Ordre vom 23. November 1866 wurde bezüglich der ehemaligen Kurhessischen Garde-Gendarmerie befohlen:

daß die Schweizer-Leib-Gardisten, unter Belassung in ihren bisherigen Dienst-Verhältnissen auf Schloß Wilhelmshöhe, der Löwenburg und den übrigen Hessischen Schlössern, der Schloß-Garde-Kompagnie zu attachiren und von dieser als abkommandirt zu führen seien,

und durch Allerhöchste Kabinets-Ordre vom 3. Mai 1867 bestimmt:

daß dieselbe unter Beibehalt ihrer bisherigen Benennung und der bisher bezogenen Kompetenzen auf den Aussterbe-Etat gebracht werde.

Die Schweizer-Leib-Garde besteht gegenwärtig nur noch aus einem Feldwebel. Zwei Gardisten sind auf Allerhöchsten Befehl Seiner Majestät des Kaisers und Königs am 1. April 1873 in die Schloß-Garde-Kompagnie versetzt worden, mit der gleichzeitigen Bestimmung, daß dieselben in Kassel (Löwenburg) stationirt bleiben sollen.

Zur Einstellung in die Kompagnie gelangen solche Unteroffiziere der Armee, welche sich durch musterhafte Führung während einer längeren Dienstzeit, beziehungsweise vor dem Feinde ausgezeichnet haben. Zunächst blieb den Veteranen aus den Feldzügen von 1813 bis 1815 der Vorzug der Einreihung in die Kompagnie vorbehalten. Als später solche Erspektanten nicht mehr vorhanden waren, geruhte Seine Majestät der König durch Allerhöchste Kabinets-Ordre vom 18. Oktober 1851 zu bestimmen, daß nunmehr auf diejenigen Individuen, welche sich in den Feldzügen in Schleswig, Posen und Baden, sowie in den Straßen-Gefechten der Jahre 1848/1849 zur

Bekämpfung innerer Aufstände auf solche Weise ausgezeichnet haben, daß sie beforirt worden sind, bei der Besetzung vakanter Stellen vorzugsweise Rücksicht genommen werden solle. Diese Allerhöchste Bestimmung ist späterhin noch dahin erweitert, daß bei etwaigem Mangel an solchen, Unteroffiziere in die Kompagnie eingestellt werden können, welche sehr gut gedient haben und Halb-Invalide, d. h. noch fähig zum Garnison-Dienst, sind.

Bei Errichtung der Kompagnie wurden die erforderlichen Unteroffiziere von den damaligen Garde-Garnison-Kompagnien zunächst abkommandirt und erst durch Allerhöchste Kabinets-Ordre vom 4. Mai 1836 — bei Auflösung dieser Kompagnien — zur Garde-Unteroffizier-Kompagnie versetzt. Bis zu diesem Zeitpunkte erfolgte die Einstellung jedes einzelnen Mannes in die Kompagnie durch Allerhöchste Kabinets-Ordre. Auch haben die Allerhöchsten Kriegsherren sich stets als die unmittelbaren Chefs der Kompagnie zu betrachten geruht.

Hinsichtlich der Auserlesenheit der Truppe, welche, wie schon angedeutet, sich fortdauernd aus den ausgezeichnetsten, bezüglich gutgedientesten Unteroffizieren der ganzen Armee ergänzt, ist hervorzuheben, daß dieselben ursprünglich — mit Ausnahme dreier Nichtkombattanten — aus Kombattanten der Feldzüge von 1806/1807, 1812 und 1813/1815 bestand. Von diesen hatte einer schon im Jahre 1792 mitgefochten und war mit der silbernen Verdienst-Medaille beforirt; 29 hatten die Feldzüge von 1806/1807 und 11 die Feldzüge von 1812 mitgemacht. Die nachstehend verzeichneten Orden und Ehrenzeichen, deren Inhaber die ersten Angehörigen der Kompagnie waren, sind beredte Zeugen, daß diese Mannschaften in den Feldzügen sich auch rühmlichst hervorgethan haben.

2 silberne Verdienst-Medaillen,
5 Eiserne Kreuze I. Klasse,
29 Eiserne Kreuze II. Klasse,
29 Russische St. Georgen-Orden V. Klasse,
67 Kriegs-Denkmünzen für Kombattanten pro 1813, 1814 und 1815,
3 Kriegs-Denkmünzen für Nichtkombattanten pro 1815,
5 Russische silberne Medaillen für die Einnahme von Paris,
49 Russische St. Annen-Medaillen,
1 Oesterreichische goldene Tapferkeits-Medaille,
2 Oesterreichische silberne Tapferkeits-Medaillen,
1 Kreuz der Ehrenlegion.

Im Jahre 1861 wurden die letzten 25 dieser Veteranen wegen vorgerückten Lebensalters bezüglich in Folge früherer Strapazen eingetretener körperlicher Hinfälligkeit mit ihrer Einwilligung unter Gewährung auskömmlicher Pensionen in den wohlverdienten Ruhestand versetzt. Als hervorragend und ehrenvoll für die Kompagnie verdient die außergewöhnliche Thatsache hervorgehoben zu werden, daß von diesen Veteranen die Feldwebel-Sergeanten Fuchs und Woitschek mit dem Rothen Adler-Orden IV. und dem Kronen-Orden IV. Klasse und 10 andere, die Feldwebel-Sergeanten Bandt, Rösler, Fieck, Bachel, Kühn, Schadewinkel, Beversdorff und die Feldwebel-Unteroffiziere Döring, Schütz und Freudenthal mit dem Kronen-Orden IV. Klasse dekorirt waren. Sie hatten Alle bereits das 50jährige und zwei sogar das 60jährige Dienst-Jubiläum gefeiert. Das höchste Lebensalter dieser Veteranen war 81, das höchste Dienstalter 63 Jahre; sie repräsentirten zusammen ein Lebensalter von 1784 und ein Dienstalter von 1305 Jahren, welches im Durchschnitt 71 Lebens- und 52 Dienst-Jahre ergiebt.

Daß die Kompagnie aber fortdauernd als leuchtendes Vorbild der militärischen Tugenden und als Muster der Pflichttreue und des militärischen Anstandes dasteht, dürfte aus Nachstehendem hervorgehen. Die Kompagnie besteht gegenwärtig aus 28 Feldwebeln, 36 Vize-Feldwebeln und 5 Sergeanten, welche ohne Ausnahme vorzüglich gut gedient haben und fast sämmtlich mit Kriegs-Ehrenzeichen dekorirt sind. Von diesen Mannschaften haben in den Jahren 1848/1849 einer in der Provinz Posen, 2 in Dresden, 5 in Schleswig, 4 in Schleswig und Dresden, 2 in Baden und 6 im Jahre 1864 in Schleswig gefochten, 12 den Feldzug im Jahre 1866 gegen Oesterreich, 25 gegen Oesterreich 1866 und Frankreich 1870/1871, einer gegen Frankreich 1870/1871 und 3 die Feldzüge von 1864, 1866 und 1870/1871 mitgemacht.

Orden und Ehrenzeichen befinden sich gegenwärtig bei der Kompagnie:

5 Eiserne Kreuze I. Klasse,
20 Eiserne Kreuze II. Klasse,
13 Militär-Ehrenzeichen I. Klasse,
14 Militär-Ehrenzeichen II. Klasse,
32 Allgemeine Ehrenzeichen,
27 Hohenzollernsche Medaillen,
16 Krönungs-Medaillen,
1 Rettungs-Medaille,
8 Kriegs-Denkmünzen pro 1864,
37 Kriegs-Denkmünzen pro 1866,
21 Kriegs-Denkmünzen pro 1870/1871 für Kombattanten,
11 Kriegs-Denkmünzen pro 1870/1871 für Nichtkombattanten am Kombattanten-Bande,
5 Kriegs-Denkmünzen pro 1870/1871 für Nichtkombattanten,
58 Dienst-Auszeichnungen I. Klasse,
10 Dienst-Auszeichnungen II. Klasse,
1 Dienst-Auszeichnung III. Klasse,
6 Düppelsturm-Kreuze,

3 Alsensturm-Kreuze,
15 Russische St. Annen-Medaillen,
17 Russische St. Georgen-Kreuze,
3 goldene \
4 silberne / Oesterreichische Tapferkeits-Medaillen,
2 Oesterreichische silberne Verdienst-Kreuze des Josephs-Ordens,
1 Oesterreichisches silbernes Verdienst-Kreuz mit der Krone,
3 Sächsische St. Heinrichs-Medaillen,
1 Sächsische silberne Albrechts-Medaille,
1 Koburgische silberne Medaille,
2 Badensche Medaillen pro 1849,
1 Hessisches Allgemeines Ehrenzeichen,
1 Mecklenburgisches Militär-Verdienst-Kreuz,
1 Persischer Sonnen- und Löwen-Orden V. Klasse,
1 Niederländischer Militär-Wilhelms-Orden IV. Klasse.

Rechnet man die Lebens-, bezüglich die Dienstjahre sämmtlicher Mannschaften der Kompagnie in sich zusammen, so erhält man die respektable Summe von 3290 Lebens- und 1962 Dienstjahren; im Durchschnitt pro Kopf 47 Lebens- und 28 Dienstjahre. Das höchste Lebensalter sind 68, das höchste Dienstalter 49 Jahre. Das niedrigste Lebensalter sind 29, das geringste Dienstalter 12 Jahre. Seit Errichtung der Kompagnie sind 310 Mann in dieselbe eingestellt und davon 19 Mann zu Feldwebel-Sergeanten und 43 Mann zu Feldwebel-Unteroffizieren befördert worden. Im Laufe der Zeit sind 98 Mann gestorben, 27 Mann versetzt und 116 Mann pensionirt; mithin durchschnittlich jährlich 2 Todesfälle, 3 Pensionirungen ꝛc., im Ganzen also 5 Mann Ab- und Zugang jährlich.

Der Dienst der Kompagnie beschränkt sich auf die Beaufsichtigung der Königlichen Schlösser und Gärten und auf den Wachtdienst in den Königlichen Gemächern bei feierlichen Gelegenheiten.

Die Berliner Abtheilung der Kompagnie versammelt sich im Königlichen Schlosse am 1., 11. und 21. jeden Monats Vormittags 11 Uhr zum Appell, bei welchem der Dienst kommandirt und die Löhnung ausgegeben wird.

Der Feldwebel du jour geht zur Parole, um etwaige Befehle für die Kompagnie in Empfang zu nehmen. Er visitirt außerdem die Posten, welche die Kompagnie innerhalb der Stadt besetzt. Der Unteroffizier du jour holt die Briefe ꝛc. von der Post, meldet sich des Morgens beim Kommandeur und dem Feldwebel-Lieutenant zur Empfangnahme von Befehlen und Aufträgen. Die beiden zur Aufsicht im Königlichen Schlosse kommandirten Unteroffiziere finden sich sowohl im Winter als im Sommer jeden Morgen um 8 Uhr im Schlosse ein und verlassen dasselbe nicht eher, als bis sie am andern Morgen zu derselben Zeit abgelöst werden. Bis Mitternacht patrouillirt abwechselnd einer dieser Unteroffiziere ununterbrochen in den Gängen, Galerien, auf den Treppen und Höfen ꝛc. des Königlichen Schlosses, während der andere in der Wachtstube sich zwar der Ruhe überlassen darf, aber stets bereit sein muß, thätig aufzutreten. Von Mitternacht bis 7 Uhr Morgens braucht nur alle zwei Stunden einmal einer der Unteroffiziere die abzupatrouillirenden Theile des Schlosses zu durchgehen. Die für die Königlichen Gärten kommandirten Mannschaften der Kompagnie haben die Aufgabe, die Garten-Beamten in Ausübung der Garten-Polizei zu unterstützen. Anlaß zu dieser Verwendung der Mannschaften gab der Umstand, daß nach Zulassung des Publikums zu den Königlichen Gärten — der Allerhöchsten Erwartung entgegen — sowohl Beschädigungen der Garten-Anlagen ꝛc., als Verletzungen der Wohlanständigkeit in denselben nicht ganz unterblieben. Bei Hof-Festlichkeiten giebt die Kompagnie entweder eine Wache (im Schweizer-Saal) und Posten, oder letztere allein. Der Anzug ist bei solchen Gelegenheiten zu jeder Jahreszeit der Parade-Anzug mit weißen Kamaschenhosen. Die Offiziere, welche bei diesen Gelegenheiten in Waffenrock und grauen Tuchhosen, den Helm in der Hand, erscheinen, geben keine Kommandos, sondern avertiren nur den ältesten Feldwebel, wenn Honneurs zu machen sind. Sobald aber die Kompagnie bei Anwesenheit fremder Herrscher Ehrenwache zu geben hat, steht der dieselbe kommandirende Offizier, den Helm auf, mit gezogenem Degen vor der Front und giebt von hier die Kommandos ab. Was die Honneurs selbst betrifft, so präsentirt die Wache das Gewehr vor Seiner Majestät dem Kaiser und Könige und Ihrer Majestät der Kaiserin und Königin, den fremden gekrönten Häuptern, den Prinzen und Prinzessinnen des Königlichen Hauses, vor den bei dem Königlichen Hofe beglaubigten fremden Botschaftern und bei Vermählungs-Feierlichkeiten vor dem hohen Brautpaare, ferner vor den Feldmarschällen, dem kommandirenden General des Garde-Korps und dem Kommandeur der Kompagnie und tritt vor Rittern des Schwarzen Adler-Ordens in's Gewehr. Die von der Wache gegebenen Posten haben stets Gewehr bei Fuß und strecken dasselbe vor Ihren Majestäten dem Kaiser und der Kaiserin und bei Vermählungs-Feierlichkeiten vor dem hohen Brautpaare, sie fassen das Gewehr an vor den Königlichen Prinzen und Prinzessinnen, vor sämmtlichen Rittern des Schwarzen Adler-Ordens, sowie vor den bei dem Königlichen Hofe beglaubigten fremden Botschaftern, sie stehen ferner still, wenn höhere Offiziere vorübergehen.

Bei Anwesenheit Kaiserlicher oder Königlicher Majestäten, Kaiserlich Russischer Großfürsten, oder Kaiserlich Oesterreichischer Erzherzöge giebt die Kompagnie einen Feldwebel resp. Unteroffizier als Ordonnanz.

Das Detachement in Potsdam versammelt sich gleichfalls in jedem Monat 3 Mal zum Appell. Es werden täglich Unteroffiziere nach Sanssouci, sowie nach dem Neuen Palais bei der Anwesenheit

Seiner Kaiserlichen und Königlichen Hoheit des Kronprinzen und der Kronprinzessin kommandirt. Bei großen Paraden sind alle Unteroffiziere, bei Kirchen-Paraden nur 1 Feldwebel und 6 Unteroffiziere, in einem Gliede formirt, zugegen. Bei Gelegenheit des Stiftungs-Festes des Lehr-Infanterie-Bataillons stellt sich die Abtheilung als Wache im Neuen Palais auf.

Die Angehörigen der Kompagnie stehen unter dem Militär-Gesetz. Dem Befehlshaber steht die Strafgewalt eines detachirten Bataillons-Kommandeurs zu. Erscheinen militärgerichtliche Untersuchungen bezüglich Aburtheilung nöthig, so hat der Kommandeur solche beim Königlichen General-Kommando des Garde-Korps zu beantragen. Etwa erforderliche Entlassungen werden gleichfalls bei dem Kommando des Garde-Korps in Antrag gebracht, bezüglich Seitens desselben sodann verfügt. Mit Wahrnehmung der militärgerichtlichen Geschäfte für die Kompagnie ist ein für allemal in Berlin das 2. Garde-Regiment zu Fuß, in Potsdam das 1. Garde-Regiment zu Fuß beauftragt. Der Ersatz wird bei demjenigen General-Kommando beantragt, welchem der Einzustellende angehört. Mindestens zwölfjährige Dienstzeit und Halbinvalidität sind unerläßliche Bedingungen. Der Antrag auf Entfernung eines Mannes aus der Kompagnie kann wegen allgemeiner und besonders militärischer Gründe vom Militär-Vorgesetzten, wegen besonderer auf dienstliche Funktionen sich beziehender Gründe aber auch vom Königlichen Hof-Marschall-Amte ausgehen, das jedoch seinen Antrag, ebenso wie etwaige Requisitionen auf Bestrafung dem Militär-Vorgesetzten zur weiteren Veranlassung zuzusenden hat. Ueber die Wiederbesetzung vakanter Stellen in der Kompagnie hat nur der Kommandeur derselben zu entscheiden. Die Regimenter haben etwaige Bewerber mittelst Nationals- und Führungs-Attestes Behufs event. Notirung in der Erspektanten-Liste der Kompagnie einzureichen. Der Andrang zur Kompagnie und die Zahl der Notirten ist gegenwärtig groß. Die Neueingestellten, also auch wirkliche Feldwebel resp. Vize-Feldwebel, erhalten bei ihrem Uebertritt zur Kompagnie nur die Kompetenzen eines Unteroffiziers. Das Kommando über die Kompagnie führt einer der Flügel-Adjutanten Seiner Majestät des Kaisers und Königs und außerdem werden Subaltern-Offiziere hierzu kommandirt. Offiziere des Garde-Korps in der Regel durch Befehl des General-Kommandos, Offiziere der Linie dagegen stets durch Allerhöchste Kabinets-Ordre. Das Kommando dauert in der Regel ein Jahr. Bei der Auswahl wird auf solche Offiziere Rücksicht genommen, denen dies Kommando in Bezug auf ihren Gesundheits-Zustand von Nutzen sein kann. Dieselben sind nur mit der disziplinarischen Aufsicht über die Kompagnie beauftragt und nehmen am Dienst nicht Theil. Wenn bei der Aufstellung der Kompagnie zur Parade die dabei kommandirten Offiziere zugegen sind, so stehen sie auf dem rechten Flügel, zwei Schritt von diesem entfernt.

Die bisherigen Komandeure der Kompagnie waren:
1. Flügel-Adjutant Major v. Thümen, 1829.
2. Flügel-Adjutant Major Graf v. Schlieffen, 1840.
3. Flügel-Adjutant Oberst-Lieutenant v. Brauchitsch, 1848.
4. Flügel-Adjutant Oberst-Lieutenant v. Schöler, 1848.
5. Flügel-Adjutant Oberst-Lieutenant v. Bonin, 1849.
6. Flügel-Adjutant Oberst-Lieutenant Freiherr Hiller von Gärtringen, 1854.
7. Flügel-Adjutant Major Freiherr v. Loën, 1856.
8. Flügel-Adjutant Major v. Tresckow, 1857.
9. Flügel-Adjutant Oberst-Lieutenant v. Werder, 1860.
10. Flügel-Adjutant Oberst Freiherr v. Steinäcker, 1866.
11. Flügel-Adjutant Oberst-Lieutenant v. Winterfeld, 1876.

Für die Parade-Uniform der Kompagnie dient die Bekleidung des 1. Bataillons Garde unter der Regierung Friedrich II. im Allgemeinen als Muster. Sie bestand bis zum Jahre 1861 aus einer blauen Montirung mit Schooß, vorn herunter mit Haken, auf jeder Brustseite mit acht weißen Litzen und weißen Knöpfen besetzt, Kragen, Aufschläge und Schoßbesatz roth, erstere beide mit der Garde-Unteroffizier-Tresse eingefaßt, weißen Schulter-Klappen mit dem Königlichen Namenszuge und der Krone in vergoldeter Bronce, dazu Grenadier-Mützen mit weißen Blechen, weißes Lederzeug, nach der alten Art über Kreuz über die Schulter getragen, mit weißen Garde-Sternen auf den Patronen-Taschen, Perkussions-Gewehren mit hellbraunen Schäften und roth lackirten Gewehr-Riemen, Säbel wie die 1. Garde-Infanterie-Brigade sie früher getragen.

Durch Allerhöchste Kabinets-Ordre vom 3. September 1861 erhielt die Kompagnie statt dieser Montirung Waffenröcke wie die übrige Infanterie, jedoch mit der Umänderung, daß auch die Schöße derselben vorn herunter mit Bandlitzen besetzt sind. Diese neue Uniform wurde zum ersten Mal von der Kompagnie bei der Krönung Seiner Majestät des Königs in Königsberg getragen, bei welcher feierlichen Gelegenheit die Kompagnie durch 2 Offiziere, 35 Feldwebel resp. Unteroffiziere vertreten war. Zum gewöhnlichen Dienst trägt die Kompagnie blaue Ueberröcke nach dem Schnitt der Röcke der Invaliden-Offiziere, mit rothem Kragen, um denselben die silberne Unteroffizier-Tresse und hierzu Helme oder Dienst-Mützen mit Schirmen. Die Feldwebel-Sergeanten und Feldwebel-Unteroffiziere haben zur Unterscheidung doppelt so breite Tressen wie die Unteroffiziere.

Durch Allerhöchste Kabinets-Ordre vom 3. Oktober 1861 erhielt die Garde-Unteroffizier-Kompagnie die Benennung:

„Schloß-Garde-Kompagnie."

In Folge einer Allerhöchsten Kabinets-Ordre vom 20. März 1849 wurde den Unteroffizieren der Kompagnie nach einer vorwurfsfreien 25jährigen Gesammt-Dienstzeit die Anlegung des Offizier-Portépées gestattet und gleichzeitig bestimmt, daß diejenigen Vize-Feldwebel, welche bei der Kompagnie eingestellt werden, bei dieser nicht anders bewaffnet sein sollten, als die übrigen Mannschaften, also mit dem gewöhnlichen Säbel, jedoch mit Offizier-Portépée. Außer Dienst war denselben indeß gestattet, den Offizier-Degen zu tragen. Bei Gelegenheit des 50jährigen Dienst-Jubiläums Seiner Majestät des Königs Friedrich Wilhelm IV. wurde den 25 Jahre und darüber gedienten Unteroffizieren ein mit einer Krone verzierter Degen verliehen, welchen sie zum gewöhnlichen Dienst zu tragen berechtigt waren. Auch für den Kommandeur der Kompagnie ist bei jener Gelegenheit ein gleicher Degen verliehen worden mit der Bestimmung, daß beim Ausscheiden eines Kommandeurs der Name desselben auf dem Stichblatt eingravirt und der Degen aber immer an den Nachfolger übergehen solle. Es war dies wiederum ein erneuter Gnadenbeweis für die Kompagnie. Dieser Auszeichnung dürfte auch wohl die im Volksmunde gebräuchliche Bezeichnung „Kronen-Garde" ihre Entstehung verdanken.

Um das Mißverhältniß zwischen den altgedienten Unteroffizieren und den jüngeren Vize-Feldwebeln zu heben, geruhten Seine Majestät der König in Folge eines desfallsigen Berichts durch Allerhöchste Kabinets-Ordre vom 31. Oktober 1861 zu bestimmen, daß diejenigen Unteroffiziere der Schloß-Garde-Kompagnie, welche 25 Jahre gedient haben, zur Ernennung zu Vize-Feldwebeln in Vorschlag gebracht werden dürften. In Folge dessen wurden durch Allerhöchste Kabinets-Ordre vom 30. November 1861 30 Unteroffiziere zu Vize-Feldwebeln befördert. Die Vergünstigung ist später durch die Allerhöchste Kabinets-Ordre vom 29. Juli 1873 dahin erweitert, daß die Sergeanten der Schloß-Garde-Kompagnie schon nach zurückgelegtem 20sten Dienstjahre Behufs Ernennung zum Vize-Feldwebel in Vorschlag gebracht werden durften. Die Ernennung zu Feldwebel-Sergeanten resp. Feldwebel-Unteroffizieren wird von dem Kommandeur der Kompagnie verfügt und ist hierbei in der Regel das Dienstalter ohne Rücksicht auf frühere Charge oder Dekoration des Betreffenden maßgebend.

Als weiteren Gnadenbeweis geruhten Seine Majestät der König durch Allerhöchste Kabinets-Ordre vom 2. Mai 1861 zu genehmigen, daß bei eintretendem Abgange solcher Mannschaften der Garde-Invaliden-Kompagnie, welchen zur Zeit Wohnung in dem Wachtgebäude beim Neuen Palais in Potsdam eingeräumt ist, die verfügbar werdenden Räume an geeignete Leute der Kompagnie überwiesen werden können. Ferner wurden durch Munifizenz Seiner Majestät des Hochseligen Königs Friedrich Wilhelm III. auf einem Grundstücke in Caputh, welches der Kompagnie von ihrem ersten

Kommandeur, dem nachmaligen General v. Thümen, erblich übermacht war, zwei kleine Wohnhäuser erbaut und diese zweien alten Unteroffizieren der Kompagnie als Wohnungen überwiesen. In der hierüber aufgenommenen Stiftungs-Urkunde vom 13. Februar 1844 ist festgesetzt, daß dem General v. Thümen und seinen Nachfolgern für den Fall, daß der Kompagnie die Erhaltung des Grundstücks zu den Zwecken der Stiftung nicht mehr wünschenswerth erscheinen sollte, das Recht des Rückkaufs für die Summe von 800 Thalern verbleibe. Da nun der gegenwärtige Besitzer von Caputh, Lieutenant a. D. v. Thümen, es wünschte, das Grundstück für den testamentarisch festgesetzten Preis zurückzuerwerben und dies im Interesse der Kompagnie höchst wünschenswerth war, so geruhten Seine Majestät der Kaiser und König auf desfallsigen Bericht durch Allerhöchste Kabinets-Ordre vom 29. Mai 1873 die Ueberlassung des Grundstücks an den Lieutenant a. D. v. Thümen zu genehmigen. Von den Zinsen des Kaufpreises erhalten die Wittwen von Mannschaften der Schloß-Garde-Kompagnie Unterstützungen.

Daß die Kompagnie aber nicht allein im Frieden, wo sie das Glück und die hohe Ehre hat, ihren Dienst um die Allerhöchste Person und unter den Augen Seiner Majestät des Kaisers und Königs zu thun, sondern auch bei ausbrechendem Kriege nützlich zu verwenden ist, beweisen die Kriege von 1866 und 1870/1871. Während beider Kriege ist der größte Theil der Mannschaften der Kompagnie bei den verschiedenen Ersatz-Bataillonen der Garde-Regimenter zur Dienstleistung in vakanten Offizier-Stellen kommandirt gewesen. Nach den dieserhalb eingezogenen Erkundigungen haben diese Unteroffiziere sich besonders um die Ausbildung der Ersatz-Mannschaften sehr verdient gemacht und Seitens der betreffenden Regimenter das größte Lob erhalten. Mit Rücksicht hierauf sind 22 Unteroffiziere der Kompagnie, obgleich sie noch nicht die bestimmungsmäßige Anzahl von Dienstjahren zurückgelegt hatten, in besonderer Anerkennung ihrer geleisteten Dienste durch Allerhöchste Kabinets-Ordre vom 29. Juli 1873 zu Vize-Feldwebeln befördert worden. Durch die inzwischen ergangene Allerhöchste Kabinets-Ordre vom 15. November 1877, betreffs der Ernennung inaktiver Unteroffiziere zu Feldwebel-Lieutenants im Mobilmachungsfalle, ist übrigens, wie Seitens des Königlichen Kriegs-Ministeriums durch Verfügung vom 28. März 1878 besonders zum Ausdruck gebracht ist, eine Einschränkung der Verwendung von Unteroffizieren der Schloß-Garde-Kompagnie in Lieutenants-Stellen bei den Ersatz-Truppen auch für die Zukunft nicht beabsichtigt.

Als Etatssatz für die Bekleidung der Kompagnie ist vom Königlichen Militär-Oekonomie-Departement derjenige Betrag normirt worden, welcher zur Selbstbeschaffung der Bekleidungs-Gegenstände für Unteroffiziere im Allgemeinen gewährt wird. Der Mann erhält jährlich 1 Ueberrock, 1 Paar Tuchhosen, 1 Paar leinene Hosen,

1 Dienst-Mütze, 1 Halsbinde, 1 Unterhose, 2 Paar Handschuhe, 1 Portépée und alle 5 Jahr 1 Waffenrock und Mantel. Grenadier-Mütze, Helm und Armaturstücke nach Bedarf, über deren Ersatz der Kommandeur entscheidet. Den zur Beschaffung der Bekleidung über obigen Etatssatz hinaus erforderlichen Betrag zahlt die Königliche Schatulle. Auch ist die Königliche Schatulle angewiesen, die Ausgaben für besondere Bedürfnisse der Kompagnie zu bestreiten.

In der in der Anlage beigefügten Zusammenstellung sind alle den Mannschaften zustehenden Kompetenzen aufgeführt. Die Königliche General-Militär-Kasse übernimmt diese Beträge in Ausgabe. Die monatlichen Verpflegungs-Berechnungen und Servis-Liquidationen werden der Königlichen Intendantur des Garde-Korps zur Festsetzung übersandt. Das Brod und die Klein-Montirungs-Stücke erhalten die Mannschaften in Gelde. Aus dem Militär-Fonds werden hierzu ⁴/₇ und aus der Königlichen Schatulle ³/₇ gewährt.

Mit Wahrnehmung der Krankenpflege bei der Kompagnie ist in Berlin der Stabs- und Bataillons-Arzt im Garde-Füsilier-Regiment Dr. Lindes, in Potsdam der Garnison-Arzt Oberstabs-Arzt 1. Klasse Dr. Freiherr v. Frank beauftragt, auch sind die Königlichen Lazarethe zur Aufnahme von kranken Kompagnie-Angehörigen angewiesen. Den Frauen und Kindern wird die Arznei kostenfrei gewährt. Die ärztliche Behandlung der Kranken der Kompagnie, namentlich der Abtheilung in Berlin, ist bei den zahlreichen Familien-Mitgliedern und den weiten Entfernungen in der Stadt nicht leicht. Es sind gegenwärtig 62 verheirathete Feldwebel 2c. mit 168 Kindern vorhanden.

Die Invaliden-Versorgung der Mannschaften anlangend, so werden dieselben nach den für das Garde-Korps bestehenden Prinzipien durch das Königliche General-Kommando des Garde-Korps als Invaliden anerkannt und nach den gesetzlichen Bestimmungen pensionirt.

In früherer Zeit wurden dienstunfähige Unteroffiziere auf ihren Wunsch in das jetzt eingegangene Korps der ausrangirten Garde-Invaliden zu Werder übernommen. Gegenwärtig steht es ihnen frei, zur 3. Abtheilung der Garde-Invaliden-Kompagnie überzutreten.

Möge die Schloß-Garde-Kompagnie sich auch ferner stets der besonderen Gnade des Allerhöchsten Kriegsherrn erfreuen und immerdar ein Vorbild bleiben wahrer Königstreue und echten Soldaten-Geistes.

Zusammenstellung
der
Kompetenzen der Mannschaften der Schloß-Garde-Kompagnie.

Chargen.					Servis im Durchschnitt. M. | pf.	Summa. M. | pf.

1. Abtheilung in Berlin.

Feldwebel-Lieutenant	90 .	9 .	. .	2 50	45 .	146 50
Feldwebel-Sergeant	60 .	9 .	. 30	2 50	22 17	93 97
Feldwebel-Unteroffizier	60 .	9 .	. 30	2 50	22 17	93 97
Unteroffizier	45 .	9 .	. 30	2 50	16 .	72 80

2. Abtheilung in Potsdam.

Feldwebel-Sergeant	60 .	9 .	. 30	2 50	10 .	81 80
Feldwebel-Unteroffizier	60 .	9 .	. 30	2 50	10 .	81 80
Unteroffizier	45 .	9 .	. 30	2 50	7 25	64 05

3. Abtheilung in Kassel.

Unteroffizier	45 .	9 .	. 30	2 50	16 .	72 80

Anmerkung.

Außerdem erhalten die Mannschaften der Kompagnie:
1) Extraordinairen Verpflegungszuschuß,
2) das Garnison-Brodgeld,
3) Arznei-Verpflegung,
4) Kinderpflege- und Schulgeld.

Für die Kinder, deren Väter beim 1. Garde-Regiment zu Fuß gestanden haben, wird aus dem v. Rohdich'schen Legate ein Pflegegeld gezahlt, welches pro Kind und Monat circa 7 Mark beträgt.

Der Abtheilung in Potsdam wird eine Brennmaterialien-Vergütigung und aus dem Fonds der ehemaligen Garnison-Schule für die Schulkinder eine Beihülfe zu den Schulbüchern 2c. gewährt.

Druck von A. W. Hayn's Erben.
(C. Hayn, Hof-Buchdrucker.)

Siebenzig Dienstjahre

Seiner Majestät des Kaisers und Königs
WILHELM,

Allerhöchsten Kriegsherrn der Deutschen Armee und Marine.

Zum siebenzigjährigen Dienstjubiläum Seiner Majestät am 1. Januar 1877.

Mit einem photographischen Portrait
Seiner Majestät des Kaisers und Königs.

3. Auflage.

VERLAG DER „MILITARIA",

Verlags-Buchhandlung für Militär-Literatur
(G. von GLASENAPP)
BERLIN W., Potsdamer-Strasse 54.
1877.

Vorwort.

Die nachstehende Denkschrift basirt auf der militärischen Biographie Seiner Majestät des Kaisers und Königs aus dem Werke „Die Generale der Deutschen Armee".
Zu dem 70 jährigen Dienstjubiläum Seiner Majestät am 1. Januar 1877 wurde diese Biographie neu bearbeitet und weit über das Doppelte mit neuen Daten vervollständigt. So wurden unter Anderem alle von Seiner Majestät verliehenen Regimenter mit dem Tage der Verleihung, die Königs- und Kaiser-Manöver, die Theilnahme Seiner Majestät an den verschiedenen Berathungs-Commissionen und viele andere wichtige Momente aus Seiner Majestät militärischer Dienstzeit neu hinzugefügt.
Das Verzeichniss der Orden Seiner Majestät ist hier zum ersten Male vollständig gegeben. Es wurde dies nicht nur durch die Mittheilungen maassgebender Behörden, sondern auch besonders durch einen Vergleich der Nachweise der General-Ordens-Commission, des Kriegsministeriums etc. mit den Original-Orden Seiner Majestät ermöglicht. Den Orden sind die Tage der Verleihung nach Möglichkeit beigefügt, da sich an die Decorationen und diese Tage fast immer militärische Erinnerungen knüpfen.

Die Photographie Seiner Majestät wurde auf Allerhöchsten Befehl durch den Hofphotographen Hanfstaengl in Berlin im Königlichen Palais aufgenommen. Seine Majestät hatte hierzu die Uniform Seines 1. Garde-Regiments zu Fuss mit sämmtlichen Kriegsorden und — zum ersten Male für eine photographische Aufnahme — die Feldmarschalls-Epauletts angelegt. Das Negativ der Aufnahme wurde in Frankfurt a./O. mittelst elektrischen Lichtes auf Lebensgrösse vergrössert, dann nach den Original-Orden etc. retouchirt und in München durch das artistische Institut von J. B. Obernetter vervielfältigt.

Es kann hiernach diese biographische Denkschrift als authentisch und als die richtigste Biographie in ihren einzelnen Daten bezeichnet werden. Sie wird jetzt und in Zukunft ein werthvolles historisches Dokument bilden und jedem Soldaten eine bleibende Erinnerung an einen Tag sein, der in der Geschichte der Fürsten aller Zeiten und Nationen einzig dasteht.

Wilhelm

Wilhelm,
Deutscher Kaiser und König von Preussen.
Allerhöchster Kriegsherr der Deutschen Armee und Marine.

22. März 1797	**Geboren zu Berlin.** Kronprinzliches Palais.
3. April 1797	Taufe im Schloss zu Berlin als Prinz Friedrich **Wilhelm** Ludwig.
24. Dec. 1803	Zu Weihnachten die erste Uniform (vom Husaren-Regiment v. Rudorf, jetzt Zietensche Husaren).
21/23. März 1806	Revue über die ausmarschirende Armee bei Berlin.
1806	Im Frühjahr die Uniform des Regiments Towarczysz, jetzt Ulanen-Regiment Nr. 1 und Nr. 2.
18. Oct. 1806	Abreise nach Königsberg i. Pr. über Schwedt a. O.
0. Jan. 1807	**Offizier** (Königsberg i. Pr.).
3. Jan. 1807	Abreise von Königsberg i. Pr. nach Memel.
22. März 1807	**Fähnrich** in der Garde zu Fuss (Memel).
3. Oct. 1807	Zum ersten Male in der Front bei der Special-Revue des neu formirten Garde-Bataillons zu Fuss in Memel.
24. Dec. 1807	**Seconde-Lieutenant** (Memel, Cabinets-Ordre vom 25. Dec.).
15. Jan. 1808	Abreise von Memel nach Königsberg i. Pr.
21. Jan. 1808	Einmarsch mit der Garde in Königsberg i. Pr.
23. April 1808	Nagelung der 4 Fahnen des Bataillons Garde zu Fuss zu Königsberg i. Pr.
12. Nov. 1808	Erste Parade des neu formirten Regiments Garde zu Fuss zu Königsberg i. Pr.
24. Sept. 1809	Bei der Aufstellung der Gedächtnisstafeln für das 1. Ostpreussische Infanterie-Regiment in der Schlosskirche zu Königsberg i. Pr.
15. Dec. 1809	Abreise von Königsberg i. Pr. nach Berlin. 22. Dec.: Freienwalde.

25. Dec. 1809	Einzug mit dem Garde-Regiment zu Fuss durch das Bernauer Thor in Berlin.
19. Juli 1810	Am Sterbelager der Königin Luise in Hohenzieritz.
1811	Prinz Wilhelm baut eine Feldschanze auf der Höhe des Babelsberges.
22. Jan. 1813	Verlegung der Residenz nach Breslau; Abreise dahin, später nach Glatz und Neisse.
12. Juni 1813	**Premier-Lieutenant** (Neudorff in Schlesien, Patent vom 15. Mai).
30. Oct. 1813	**Capitain** (Breslau).
1814	**Feldzug 1814.** 1. Jan.: Gefecht von Mannheim. 1. Febr.: Schlacht bei Brienne. 2. Febr.: Gefecht bei Rosnay. 27. Febr.: Gefecht bei Bar-sur-Aube. 5. März: St. Georgen-Orden 4. Klasse. 10. März: Eisernes Kreuz 2. Klasse (Hauptquartier: Chaumont). 20. und 21. März: Schlacht bei Arcis-sur-Aube. 25. März: Gefecht bei La Fère Champenoise. 30. März: Schlacht bei Paris. 31. März: Einzug in Paris. Wohnung im Hôtel de la légion d'honneur.
30. Mai 1814	**Major** (Paris, Patent vom 3. April).
Juni 1814	Erster Besuch in England.
Juli 1814	Erster Besuch der Schweiz. 12. Juli: Neufchatel.
3. Aug. 1814	Kriegsdenkmünze für 1814.
7. Aug. 1814	Einzug mit der Garde in Berlin. Die zurückgeholte Victoria auf dem Brandenburger Thor wird enthüllt.
8. Jan. 1815	Friedensfest in Berlin.
31. Mai u. 1. Juni 1815	Erste Paraden der Garde-Truppen mit dem Eisernen Kreuz in den Fahnenspitzen. Führung des Füsilier-Bataillons 1. Garde-Regiments zu Fuss.
8. Juni 1815	Confirmation in der Schlosskapelle zu Charlottenburg.
22. Juni 1815	Wiederabreise nach dem Kriegsschauplatze.
13. Juli 1815	Eintreffen mit dem Grossen Hauptquartier in Paris. Wohnung im Hôtel d'Avray.
3. Sept. 1815	Fahnenweihe in Paris; Führung des 1. und dann 2. Bataillons 1. Garde-Regiments zu Fuss.

1. Oct. 1815	Abreise von Paris.
1. Jan. 1816	Erster Commandeur des Stettiner Garde-Landwehr-Bataillons. (Bis zur Thronbesteigung: 2. Jan. 1861).
1. Nov. 1816	Aufstellung der Gedächtnisstafeln der Inhaber des Eisernen Kreuzes in der Garnisonkirche zu Potsdam.
24. Dec. 1816	Führung eines aus Garde-, Jäger-, Artillerie-, Pionier- und Landwehr-Compagnien combinirten Bataillons, zur Aufstellung von 25 eroberten Fahnen und Adlern in der Garnison-Kirche zu Potsdam.
30. März 1817	**Oberst** und Mitglied des Staatsraths.
6. April 1817	Commandeur des 1. Bataillons 1. Garde-Regiments zu Fuss.
17. April 1817	Das 1. Garde-Regiment zu Fuss in Parade vor dem Grossfürsten Nicolaus von Russland vorbei geführt.
18. April 1817	Mit der Führung des 1. Garde-Regiments zu Fuss und der 1. Garde-Infanterie-Brigade beauftragt.
6. Juni 1817	Chef des 7. Infanterie-Regiments.
12. Juni 1817	Seiner Schwester, der Prinzessin Charlotte von Preussen, späteren Kaiserin von Russland, das Brautgeleit nach Petersburg gegeben. Zurückkunft nach Berlin: 15. Jan. 1818.
15. Febr. 1818	Chef des Kaiserlich Russischen Infanterie-Regiments Kaluga, das nunmehr den Namen Prinz Wilhelm von Preussen erhält, jetzt Nr. 5.
28. Febr. 1818	Commandeur der 1. Garde-Infanterie-Brigade.
30. März 1818	**General-Major.**
21. Mai - 30. Juli 1818	Obere Leitung sämmtlicher Militär-Angelegenheiten, während der Reise des Königs nach Russland.
19. Sept. 1818	Grundsteinlegung des Monuments auf dem Kreuzberge bei Berlin in Gegenwart des Kaisers Alexander von Russland.
30. Oct. 1818	Ankunft in Aachen.
1819	Mitglied des Kriegs-Ministeriums.

Juni-Sept. 1819	Bereisung der im Bereich des VII. und VIII. Armee-Corps liegenden Festungen etc.
26. Febr. 1820	Vorsitz in einer Commission, welche das Exerzir-Reglement für die Infanterie neu bearbeiten sollte.
1. Mai 1820	Commandeur der 1. Division des Garde- und Grenadier-Corps.
26. Febr. 1821	Vorsitzender einer Commission zur Ausarbeitung einer Instruction für Aufstellung und Gebrauch grösserer Cavallerie-Massen.
30. März 1821	Einweihung des Denkmals auf dem Kreuzberge bei Berlin.
Aug. 1821	Commandirt zur Führung einer Division bei den Cavallerie-Uebungen unter General v. Borstell.
Sept. 1822	Inspicirung des VIII. Armee-Corps.
20. Spt. 1822 - Fbr. 23	Erste Reise nach Italien.
1823	Commandirt zur Führung einer Division bei den Cavallerie-Uebungen unter General v. Knobelsdorff.
Oct. 1823	Besuch der grossen Manöver Russischer Truppen bei Brest-Litowskii.
22. März 1824	Commandirender General des III. Armee-Corps ad interim mit Beibehalt des Verhältnisses zur 1. Garde-Division.
22. März 1825	Commandirender General des III. Armee-Corps.
18. Juni 1825	**General-Lieutenant.**
7. Jan. 1826	Abreise nach St. Petersburg zur Beisetzung des am 1. Dec. 1825 verewigten Kaisers Alexanders I. 30. März: In St. Petersburg: Kaiserlich Russische Denkmünze für Paris.
18. Juni 1826	Enthüllung des Standbildes des Fürsten Blücher in Berlin.
7. Sept. 1827	Erste Königs-Revue des III. Armee-Corps unter dem Commando des Prinzen Wilhelm.
April 1828	Rückkehr von längerem Aufenthalt in St. Petersburg.
Sept. 1828	Besuch der grossen Manöver Oesterreichischer Truppen bei Wien.
11. Juni 1829	Vermählung mit Prinzessin Marie Luise Augusta Catharina von Sachsen-Weimar.
Aug.-Sept. 1830	Inspicirung des VII., VIII. und III. Armee-Corps. (Das III. Armee-Corps in der Provinz Sachsen.)

23. März 1831	Dienst-Auszeichnungskreuz (25jähriges).
18. Oct. 1831	Prinz Friedrich Wilhelm Nicolaus Carl, jetziger Kronprinz, geboren.
1832	Reise nach St. Petersburg. Revue über das Kaiserlich Russische Garde- und Grenadier-Corps und die Flotte.
Sept. 1834	Reise nach St. Petersburg. Von Königsberg i. Pr. zu Schiff. 11. Sept.: Enthüllung der Alexander-Säule in St. Petersburg. Commandirt zur Führung einer Deputation aus Offizieren und Mannschaften aller Regimenter des Garde-Corps, als Repräsentanten der Armee, zur Beiwohnung bei der Enthüllung. Wladimir-Orden 1. Klasse.
1834	Erbauung des Palais für den Prinzen Wilhelm (jetzt Königliches Palais) in Berlin.
Sept. 1835	Führung einer combinirten Reserve - Cavallerie-Division bei Kalisch. 14. Sept.: Parade der Preussischen und Russischen Truppen bei Kalisch.
29. Sept. 1835	Bei der Enthüllung des Denkmals auf dem Schlachtfelde bei Culm.
18. Oct. 1835	Einweihung des Schlosses Babelsberg.
27. Sept. 1836	Bei einer Revue Königlich Württembergischer Truppen bei Stuttgart.
22. Sept. 1837	Mit der Führung des Garde-Corps beauftragt.
2. Nov. 1837	Vorsitz in einer Commission zur Ausarbeitung eines Dienst-Reglements für die ganze Armee.
30. März 1838	Zum Inspecteur der 4. Armee-Abtheilung (VII. und VIII. Armee-Corps), und zum Commandirenden General des Garde-Corps ernannt, unter Enthebung von dem General-Commando des III. Armee-Corps. Inspicirung derselben im Frühjahr und Herbst.
3. Dec. 1838	Prinzessin Luise Marie Elisabeth, jetzige Gemahlin des Grossherzogs von Baden, geboren.
30. März 1839	General - Inspecteur der 3. Armee - Abtheilung (V. und VI. Armee-Corps).
1. Juni 1840	Commando der Truppen bei der Grundsteinlegung zum Denkmal des Königs Friedrich des Grossen in Berlin.

7. Juni 1840	Am Sterbelager des Königs Friedrich Wilhelm III.
7. Juni 1840	Den Namen »Prinz von Preussen« erhalten.
11. Juni 1840	Beisetzung des verewigten Königs Friedrich Wilhelm III.
10. Sept. 1840	**General der Infanterie.** (Bei der Huldigung in Königsberg i. Pr.)
15. Oct. 1840	Huldigung Königs Friedrich Wilhelm IV. in Berlin.
Oct. 1840	Bei der Revue des VIII. Deutschen Bundes-Corps bei Schwetzingen.
4. Dec. 1840	Erste Cabinets-Ordre über Einführung des Zündnadel-Gewehrs (Modell 41).
18. Jan. 1841	Statthalter von Pommern.
April 1841	Reise nach St. Petersburg zur Vermählung des Grossfürst-Thronfolgers Alexander.
3. Aug. 1841	Senior des Eisernen Kreuzes 2. Klasse.
Sept. 1841	Erste Inspection der Oesterreichischen Truppen als Bundes-Inspecteur bei Wien und in Böhmen. 20. Sept.: Verwundet durch einen Schuss beim Manöver bei Kolin.
10. Oct. 1841	Erster Inhaber des Kaiserl. Königl. (Ungarischen) Infanterie-Regiments Nr. 34 (Prinz v. Preussen).
7. Jan. 1842	Leitung aller Regierungs-Geschäfte während der Reise des Königs nach England.
6. Juni 1842	25 jähriges Jubiläum als Chef des 7. Infanterie-Regiments (Glogau).
Aug. 1842	Bei der Revue des Kaiserlich Russischen Garde- und Grenadier-Corps.
3. Oct. 1843	Die Uniform des 1. Garde-Regiments zu Fuss erhalten und à la suite desselben gestellt, — am 36. Jahrestage der 1. Parade in Memel.
10. Oct. 1844	Bruch des rechten Vorderarmes beim Besuch eines Baues in Babelsberg.
1844	Reise nach England.
1846	Reise nach Warschau und St. Petersburg.
Oct. 1846	Zweite Inspection des Oesterreichischen Contingents zum Deutschen Bundesheere bei Wien und Theresienstadt.
20. Aug. 1847	Leitung aller Regierungsgeschäfte während der Reise des Königs nach Italien.
9. März 1848	Militär-Gouverneur der Rheinprovinz und der

	Provinz Westfalen (Commando nicht angetreten).
22. März 1848	Abreise nach England.
7. Juni 1848	Rückkehr aus England nach Potsdam.
Jan. 1849	Veröffentlichung der (vom Prinzen von Preussen verfassten) Druckschrift: Bemerkungen zu dem Gesetz-Entwurf über die Deutsche Wehrverfassung.
3. Mai 1849	Einführung des Prinzen Friedrich Wilhelm zum Dienst beim 1. Garde-Regiment zu Fuss.
1849	**Feldzug in Baden.** 9. Juni: Oberbefehl über die mobilen Truppen-Corps am Rhein. 14. Juni: Gefecht bei Kirchheim - Bolanden. 20. Juni: Gefecht bei Wiesenthal. 23. Juni: Gefecht bei Ubstadt. 25. Juni: Gefecht bei Durlach. 29. Juni: Gefecht bei Bischweyer und Hirschgraben. 30. Juni: Gefecht bei Kuppenheim. Niederländischer Militär-Wilhelms-Orden, Grosskreuz. 19. bis 23. Juli: Hauptquartier Schloss Favorite vor Rastatt. 23. Juli: Kapitulation der Festung. 24. Juli: Orden pour le mérite und Schwerter zum Rothen Adler-Orden 1. und 3. Klasse. (Hauptquartier Freiburg i. Br.) 19. Aug.: Badischer Militär-Carl-Friedrich-Verdienst-Orden, Grosskreuz. Grossherzogl. Hessischer Orden Philipps des Grossmüthigen mit Schwertern, Grosskreuz. Badische Gedächtniss-Medaille. Mecklenburg-Schwerinsches Militär-Verdienst-Kreuz.
15. Sept. 1849	Militär-Gouverneur der Rheinprovinz und der Provinz Westfalen, unter Beibehalt des Oberbefehls über die Truppen-Corps in Baden und Frankfurt a. M.
13. Oct. 1849	Bei dem Einmarsch der aus Baden zurückgekehrten Truppen in Berlin. Errichtung der Ehrenpforte am Weinberg bei Sans-Souci zur Erinnerung an die Badische Campagne.

4. April 1850	Die Stadt Coblenz zum Stabsquartier erhalten.
Mai 1850	Bei der Revue Russischer Truppen in Warschau und St. Petersburg. Reise nach England.
10. Juni 1850	Besichtigung des Regiments Kaluga bei Kowno.
23. Sept. 1850	Bei der Grundsteinlegung zum Neubau der Burg Hohenzollern.
6. Nov. 1850	Mobilmachungs-Ordre. Oberbefehl über die bei Berlin concentrirte Armee.
13. Nov. 1850	Commandirender der mobilen Armee (Garde, II., III., IV. Armee-Corps).
15. Febr. 1851	Militär-Gouverneur am Rhein und in Westfalen.
31. Mai 1851	Commando der Truppen bei der Enthüllung des Denkmals Königs Friedrichs des Grossen in Berlin.
Juni 1851	Bei der Revue Russischer Truppen zu Warschau.
23. Juli 1851	Bei der Enthüllung des Denkmals für die im Badischen Feldzuge gefallenen Preussischen Krieger auf dem Kirchhofe zu Carlsruhe.
23. Aug. 1851	König Friedrich Wilhelm IV. stiftet den Königlichen Hausorden von Hohenzollern und die Hohenzollernsche Medaille, bei der Huldigung auf der Burg Hohenzollern.
25. März 1852	Hohenzollernsche Denkmünze. (Mörs.)
19. Mai 1852	Parade in Gegenwart des Kaisers Nicolaus am Kreuzberge bei Berlin.
23. Juli 1852	Enthüllung der Statue des Erzengels Michael (für den Feldzug in Baden) im Park zu Babelsberg.
Juni 1853	Bei der grossen Revue der Englischen Truppen im Lager von Chobham.
Sept. 1853	Dritte Inspection des Oesterreichischen Contingents zum Deutschen Bundesheere bei Olmütz und Wien.
1. März 1854	**General-Oberst** von der Infanterie mit dem Range eines General-Feldmarschalls.
Mai 1854	Königlich Bayerischer Militär-Max-Joseph-Orden, Grosskreuz.
11. Juni 1854	Feier der silbernen Hochzeit.
10. Oct. 1854	Gouverneur von Mainz.
18. Oct. 1854	Enthüllung des National-Krieger-Denkmals bei dem Invalidenhause in Berlin.

1. Febr. 1855	Vorsitzender einer Commission für die Einführung der Langblei-Geschosse.
30. März 1855	Vorsitzender einer Commission zur Prüfung des Minié-Gewehrs.
1. Jan. 1857	**50 jähriges Dienstjubiläum.** Ehren-Degen (Königs-Degen) vom Könige Friedrich Wilhelm IV. und Ernennung zum Chef des 7. Husaren-Regiments, jetzigen Königs-Husaren-Regiments (1. Rheinisches) Nr. 7. Helm und Schild von den Offizieren der Armee und Marine; silberner Helm von den alten Kriegern. Königlich Englischer militärischer Bath-Orden, Grosskreuz.
9. Mai 1857	Parade unter den Linden in Berlin bei der Anwesenheit des Prinzen Napoleon.
9. Juli 1857	Der erste Enkel (Erbgrossherzog von Baden) geboren.
9. Aug. 1857	Chef des Grossherzoglich Badischen 2. Grenadier-Regiments (Prinz von Preussen), jetzt 2. Badisches Grenadier-Regiment Kaiser Wilhelm Nr. 110.
24. Oct. 1857	Stellvertretung des Königs. (Erlass des Prinzen von Preussen.)
18. Febr. 1858	Erste Cabinets-Ordre über Einführung gezogener Geschütze in Preussen.
Sept. 1858	Beiwohnung der Uebungen des X. Deutschen Bundes-Corps in Hannover und der Manöver bei Warschau. Leitung der Manöver des V. und VI. Armee-Corps bei Jauer.
9. Oct. 1858	Uebernahme der Regentschaft. (Armeebefehl). Eidesleistung: 26. October.
6. Nov. 1858	Neues Ministerium unter dem General der Infanterie Fürsten von Hohenzollern-Sigmaringen.
27. Jan. 1859	Der erste Enkel in Preussen, Prinz Friedrich Wilhelm Victor Albert, geboren.
20. April 1859	Kriegsbereitschaft der Armee (bis Juni.)
Mai u. Juli 1859	Inspicirung des Garde-Corps und der 14. Division in Cöln, der 15. Division in Coblenz auf Kriegsfuss.

21. April 1859	Jubiläum des 100jährigen Bestehens der reitenden Artillerie. Bei der nachträglichen Feier: 26. April.
14. Juni 1859	Den Fürsten von Hohenzollern-Sigmaringen zum Militär-Gouverneur der Provinz Westfalen ernannt.
28. Juli 1859	Beginn der Reorganisation der Armee.
23/24. Oct. 1859	Zusammenkunft mit dem Kaiser Alexander II. von Russland in Breslau.
5. Dec. 1859	Den General-Lieutenant von Roon zum Kriegsminister ernannt.
4. Juni 1860	Prinz Friedrich Wilhelm, der jetzige Kronprinz, erhält das 1. Infanterie-Regiment (in Königsberg i. Pr.).
15. Juni 1860	Erste Zusammenkunft mit Kaiser Napoleon in Baden-Baden.
4. Juli 1860	Vollendung der Reorganisation der Armee. Neue Namen den Regimentern etc. gegeben.
25/27. Juli 1860	Zusammenkunft mit Kaiser Franz Joseph von Oesterreich in Teplitz.
12. Aug. 1860	Dem Prinzen Friedrich Carl die 2. Chef-Stelle des 1. Leib-Husaren-Regiments Nr. 1 verliehen.
2. Jan. 1861	Am Sterbelager des Königs Friedrich Wilhelm IV.
(2. Jan. 1861	**Thronbesteigung.** Durch die Thronbesteigung erhalten: 1. Garde-Regiment zu Fuss, Chef. Regiment der Gardes du Corps, Chef. Leib-Grenadier-Regiment (1. Brandenburgisches) Nr. 8. 1. Leib-Husaren-Regiment Nr. 1. 2. Leib-Husaren-Regiment Nr. 2. Dem bisherigen Königs-Grenadier (1. Pommersches) Regiment (Nr. 2) den Namen: Grenadier-Regiment König Friedrich Wilhelm IV. (1. Pommersches) (Nr. 2) gegeben.
6. Jan. 1861	Chef des Königlich Bayerischen 6. Infanterie-Regiments (König von Preussen).
7. Jan. 1861	Beisetzung des verewigten Königs Friedrich Wilhelm IV. in der Friedenskirche bei Potsdam.
8. Jan. 1861	Dem 2. Westpreussischen Grenadier-Regiment (Nr. 7) den Namen Königs-Grenadier-(2. West-

	preussisches) Regiment (Nr. 7) und dem 1. Rheinischen Husaren-Regiment (Nr. 7) den Namen Königs - Husaren- (1. Rheinisches) Regiment (Nr. 7), verliehen.
18. Jan. 1861	Nagelung und Einweihung von 132 Fahnen und 10 Standarten der neu errichteten Infanterie- und Cavallerie-Regimenter und mehrerer Jäger- und der Pionier-Bataillone.
27. Jan. 1861	Den Kronprinzen zum Statthalter von Pommern ernannt.
16. Mai 1861	Dem Herzoge Ernst zu Sachsen - Altenburg das 2. Schlesische Jäger-Bataillon (Nr. 6) verliehen.
29. Juni 1861	Dem Prinzen Carl von Preussen bei seinem 50 jährigen Dienstjubiläum einen Ehren-Säbel (Königs-Säbel) verliehen und den Prinzen à la suite des 1. Garde-Regiments zu Fuss gestellt.
14. Juli 1861	Attentat in Baden-Baden.
Sept. 1861	Leitung der Manöver des VII. und VIII. Armee-Corps bei Neuss.
20. Sept. 1861	Dem General v. Wussow († 7. Sept. 1870) das 3. Pommersche Infanterie-Regiment Nr. 14, dem General v. Schack († 25. Sept. 1866) das 2. Thüringische Infanterie-Regiment Nr. 32, dem General v. Bonin († 13. März 1865) das 2. Rheinische Infanterie-Regiment Nr. 28, dem General Herwarth v. Bittenfeld das 1. Westfälische Infanterie-Regiment Nr. 13, verliehen.
8. Oct. 1861	Zweite Zusammenkunft mit dem Kaiser Napoleon in Compiègne. Parade der Zuaven- und Guiden-Regimenter.
18. Oct. 1861	**Krönung zu Königsberg i. Pr.** Stiftung des Kronen-Ordens und der Krönungs-Medaille, Erweiterung des Königlichen Haus-Ordens von Hohenzollern und des Rothen Adler-Ordens. Der Königin das 4. Garde-Grenadier-Regiment verliehen. Das Regiment erhält den Namen seines hohen Chefs. der Königin - Wittwe († 14. Dec. 1873) das

3. Garde-Grenadier-Regiment verliehen. Das Regiment erhält den Namen seines hohen Chefs. Dem Prinzen Adalbert von Preussen († 6. Juni 1873) das 1. Thür. Infanterie-Regiment Nr. 31, dem Prinzen Alexander von Preussen das 3. Westfälische Infanterie-Regiment Nr. 16, dem Prinzen Georg von Preussen das 1. Pommersche Ulanen-Regiment Nr. 4, verliehen. Die Kronprinzessin von Preussen zum 2. Chef des 2. Leib-Husaren-Regiments Nr. 2 ernannt. Dem Prinzen Friedrich von Hessen-Cassel das Thüringische Ulanen-Regiment Nr. 6, dem General Graf von Waldersee († 16. Jan. 1873) das 1. Schlesische Dragoner-Regiment Nr. 4, dem General von Werder († 30. Juni 1869) das 3. Ostpreussische Grenadier-Regiment Nr. 4, dem Schlesischen Cürassier-Regiment Nr. 1 den Namen seines hohen Chefs des Prinzen Friedrich von Preussen († 27. Juli 1863), dem Litthauischen Dragoner-Regiment Nr. 1 den Namen seines hohen Chefs, des Prinzen Albrecht von Preussen († 14. Oct. 1872), dem 2. Brandenburgischen Grenadier-Regiment Nr. 12 den Namen seines hohen Chefs, des Prinzen Carl von Preussen, verliehen.

22. Oct. 1861	Einzug in Berlin.
27. Oct. 1861	Dem Erzherzog Carl Ludwig von Oesterreich das Ostpreussische Ulanen-Regiment Nr. 8 verliehen.
29. Oct. 1861	Besuch des Festes des Französischen Krönungs-Botschafters Marschalls Mac Mahon, Herzogs von Magenta, in Berlin.
5. Dec. 1861	Dem Bahnhofsfort zu Luxemburg den Namen »Fort Wedell« gegeben.
(25. Sept. 1862	Den Wirklichen Geheimen Rath von Bismarck zum Staatsminister ernannt.
8. Febr. 1863	Uebereinkunft mit Russland, betreffend den Polnischen Aufstand.
11. März 1863	Genehmigt, dass das Fort Avancé in Ulm den Namen »Fort Prittwitz« erhält.

16. März 1863	Dem 2. Westfälischen Infanterie-Regiment Nr. 15 den Namen seines hohen Chefs, des Prinzen Friedrich der Niederlande, verliehen.
17. März 1863	Grundsteinlegung zum Denkmal Königs Friedrich Wilhelm III. im Lustgarten zu Berlin. Stiftung der Erinnerungs-Kriegsdenkmünze (für 1813—1815). Chef des Kaiserlich Russischen St. Petersburgischen Grenadier-Regiments »König Friedrich Wilhelm III.« Dem Kaiser Alexander II. von Russland das Brandenburgische Cürassier-Regiment (Kaiser Nicolaus I. von Russland) Nr. 6, dem Grossherzoge Friedrich Wilhelm von Mecklenburg-Strelitz das 2. Pommersche Ulanen-Regiment Nr. 9, verliehen. Den Fürsten von Hohenzollern-Sigmaringen gleichzeitig zum Militär-Gouverneur der Rheinprovinz ernannt.
Sept. 1863	Manöver des Garde-Corps, des III. Armee-Corps und der Grossherzoglich Mecklenburg-Schwerinschen Truppen bei Buckow.
26. März 1864	Theilen der Festung Posen die Namen: Roeder, Brünneck, Grolman, Colomb, Tietzen, Waldersee, Hacke, Boyen, Witzleben, Rohr, Strotha, Stockhausen, Bonin, Roon, Rauch, Aster, Radziwill, Prittwitz-Gaffron und Steinäcker beigelegt.
1864	**Feldzug gegen Dänemark.** 1. Febr.: Stiftung des Militär-Verdienstkreuzes und Erweiterung der Statuten der Orden und Ehrenzeichen in Bezug auf Kriegsdekorationen. 21. April: Besichtigung der Düppeler Schanzen und Feld-Parade der Sturm-Colonnen. 23. April: Dem Kriegsminister General von Roon das Ostpreussische Füsilier-Regiment Nr. 33 verliehen. 4. Mai: Einholung der eroberten Dänischen Geschütze in Berlin, unter persönlicher Führung des Königs.

18. Mai	1864	Den General-Feldmarschall Freiherrn von Wrangel in den Grafenstand erhoben.
19. Mai	1864	Bei der Feier des 50jährigen Bestehens des Garde-Schützen-Bataillons.
6. Juni	1864	Flotten-Revue bei Swinemünde.
10. Juni	1864	Parade in Gegenwart des Kaisers Alexander II. am Kreuzberge bei Berlin.
13. Aug.	1864	Dem General von Hahn († 21. März 1865) das Ostpreussische Feld-Artillerie-Regiment Nr. 1 verliehen.
20/25. Aug.	1864	In Wien. 22. Aug.: Parade.
30. Oct.	1864	Friede mit Dänemark zu Wien.
10. Nov.	1864	Stiftung der Kriegsdenkmünze für 1864 in Gemeinschaft mit dem Kaiser von Oesterreich, des Düppeler Sturm- und des Alsen-Kreuzes.
22. Nov.	1864	Parade des aus Dänemark zurückkehrenden Oesterreichischen Infanterie-Regiments Nr. 34 (König Wilhelm I. von Preussen) in Berlin.
25. Nov.	1864	Parade bei Minden über die aus Dänemark zurückgekehrte 13. Infanterie-Division.
7. Dec.	1864	Einzug der 6. Infanterie-Division und des Leib-Grenadier-Regiments (1. Brandenburgisches) Nr. 8 in Berlin. Den beiden Regimentern der 3. Artillerie-Brigade den Namen »General-Feldzeugmeister« verliehen. Dem Kronprinzen von Preussen das 5. Westfälische Infanterie-Regiment Nr. 53, dem Prinzen Albrecht (Vater) von Preussen († 14. Oct. 1872) das 7. Brandenburgische Infanterie-Regiment Nr. 60, dem Prinzen Friedrich Carl von Preussen das 8. Brandenburgische Infanterie-Regiment Nr. 64, dem Prinzen Albrecht (Sohn) von Preussen das Brandenburgische Dragoner-Regiment Nr. 2, dem General-Feldmarschall Grafen v. Wrangel das Brandenburgische Füsilier-Regiment Nr. 35, dem 1. Ostpreussischen Grenadier-Regiment Nr. 1 den Namen »Kronprinz«, verliehen.
17. Dec.	1864	Einzug der combinirten Garde-Infanterie-Division (3. und 4. Garde-Regiment zu Fuss, 3. und

	4. Garde-Grenadier-Regiment, Garde-Husaren-Regiment), des 1. Posenschen Infanterie-Regiments Nr. 18, des Brandenburgischen Jäger-Bataillons Nr. 3 und des Brandenburgischen Cürassier-Regiments Nr. 6 (Kaiser Nicolaus I. von Russland) in Berlin.
19. Dec. 1864	Einzug des 1. Schlesischen Grenadier-Regiments Nr. 10, des 3. Niederschlesischen Infanterie-Regiments Nr. 50 und des 6. Brandenburgischen Infanterie-Regiments Nr. 52 in Berlin.
1865	Chef der Marine.
22. März 1865	Dem Fürsten Constantin von Hohenzollern-Hechingen († 3. Sept. 1869) das 2. Niederschlesische Infanterie-Regiment Nr. 47 verliehen.
30. März 1865	Theilen der Festung Wittenberg die Namen: Dobschütz, Tauenzien und Dänen-Bastion gegeben.
18. April 1865	Grundsteinlegung zum Sieges-Denkmal in Berlin.
10. Juni 1865	Dem Caesarewitsch Grossfürst und Thronfolger Alexander von Russland das Westpreussische Ulanen-Regiment Nr. 1 verliehen.
14. Aug. 1865	Gasteiner Convention.
25. Aug. 1865	Dem Könige Ludwig II. von Bayern das 1. Westfälische Husaren-Regiment Nr. 8 verliehen.
15. Sept. 1865	Besitz-Ergreifungs-Patent für das Herzogthum Lauenburg.
7. Dec. 1865	Der Prinzessin Carl von Preussen († 18. Jan. 1877) das Westfälische Feld-Artillerie-Regiment Nr. 7 verliehen. Die Grossherzogin-Mutter von Mecklenburg-Schwerin, geb. Prinzessin Alexandrine von Preussen, zum 2. Chef des Leib-Grenadier-Regiments (1. Brandenburgisches) Nr. 8 ernannt. Der Prinzessin Friedrich der Niederlande, geb. Prinzessin Luise von Preussen († 6. Dec. 1870), das 6. Westfälische Infanterie-Regiment Nr. 55 verliehen.
	Feldzug gegen Oesterreich.
1866	5. Mai: Mobilmachung. 1. Juni: Den Kronprinzen zum Militär-Gouverneur von Schlesien ernannt.

18. Juni: Das Vaterland ist in Gefahr.
27. Juni: Allgemeiner Bettag. 1. Juli: Abreise zur Armee. 3. Juli: Schlacht bei Königgrätz. 26. Juli: Waffenstillstand. 30. und 31. Juli: Revue der Elb-Armee bei Ladendorf und der I. Armee vor Wien. 2. Aug.: Revue des V. Corps bei Austerlitz.
4. Aug.: Rückkehr nach Berlin. Eichenlaub zum Orden pour le mérite angelegt.
15. Aug.: Dem Ostpreussischen Cürassier-Regiment Nr. 3 den Namen seines Chefs, des Grafen Wrangel, verliehen.
17. Aug.: Vorlegung der Königlichen Botschaft an den Landtag, betreffend die Vereinigung von Hannover, Hessen, Nassau und Frankfurt a. M. mit dem Königreich Preussen.
23. Aug.: Friede mit Oesterreich zu Prag.
20. und 21. Sept.: Einzug der Garden und einiger Compagnien Infanterie, wie einiger Züge Jäger und Cavallerie der Provinzial-Armee-Corps, als Repräsentanten der letzteren, in Berlin. Kreuz und goldener Stern mit dem Bildniss König Friedrichs II., zum Orden pour le mérite gestiftet und an den Kronprinzen und Prinzen Friedrich Carl verliehen. Stiftung des Erinnerungskreuzes für 1866. Schwerter zum Fürstlich Hohenzollernschen Ehrenkreuz erhalten.

20. Sept. 1866 Das Schlesische Cürassier-Regiment Nr. 1 zum Leib-Cürassier-Regiment erhoben, und
dem Kronprinzen von Preussen das 2. Schlesische Dragoner-Regiment Nr. 8, (beim Einmarsch der 11. Division in Breslau, Cabinets-Ordre vom 18. September),
dem Prinzen August von Württemberg das Posensche Ulanen-Regiment Nr. 10,
dem General von Bonin († 16. April 1872), das 5. Ostpreussische Infanterie-Regiment Nr. 41,
dem General von Steinmetz das Westfälische Füsilier-Regiment Nr. 37,

	dem General Vogel von Falckenstein das 7. Westfälische Infanterie-Regiment Nr. 56, dem General Freiherrn von Moltke das 2. Pommersche Grenadier-Regiment (Colbergsches) Nr. 9, dem General Freiherrn von Manteuffel das Rheinische Dragoner-Regiment Nr. 5, dem 8. Brandenburgischen Infanterie-Regiment Nr. 64 den Namen Prinz Friedrich Carl von Preussen, verliehen.
30. Oct. 1866	Errichtung dreier neuer Armee-Corps (IX., X. u. XI.) in Schleswig-Holstein, Hannover und Hessen-Nassau. Das Königreich Sachsen stellt das XII. Armee-Corps, das Grossherzogthum Hessen die 25. Division.
11. Nov. 1866	Allgemeines Friedens- und Dankfest. Anlegung des Kreuzes und goldenen Sternes mit dem Bildniss Königs Friedrich II. zum Orden pour le mérite.
1. Jan. 1867	**60jähriges Dienstjubiläum.** Silberne Denksäule von den Offizieren der Armee und Marine, goldener Lorbeerkranz (Triumphkrone) von den alten Kriegern. Weihe der Fahnen etc. des Garde-Corps mit dem Bande des Erinnerungskreuzes für 1866 zu Berlin und Potsdam. Aufstellung der 1866 eroberten 11 Fahnen und Standarten in der Garnisonkirche zu Potsdam. Dem 4. Brandenb. Infanterie-Regiment Nr. 24 den Namen seines hohen Chefs, des Grossherzogs von Mecklenburg-Schwerin, verliehen.
12. Jan. 1867	Besitz-Ergreifungs-Patent für die Herzogthümer Schleswig und Holstein.
24. März 1867	Eröffnung des ersten Norddeutschen Reichstages.
6. Juni 1867	50jähriges Jubiläum als Chef des Königs-Grenadier-Regiments (2. Westpreussisches) Nr. 7. Bei der nachträglichen Feier und Parade am 28. Juni in Liegnitz.
7. Juni 1867	Bei der Revue der „Armee von Paris" mit dem

	Kaiser Alexander von Russland auf dem Longchamp bei Paris.
16. Juni 1867	Dem Grossfürsten Wladimir von Russland das Thüringische Husaren-Regiment Nr. 12 verliehen.
17. Juni 1867	Parade in Gegenwart des Kaisers Alexander II. am Kreuzberge bei Berlin.
24. Juni 1867	Verfassung des Norddeutschen Bundes. Artikel 55: Einführung der Norddeutschen Bundesflagge, die später als Deutsche anerkannt wurde.
Juni-Sept. 1867	Militär-Conventionen mit den Staaten des Norddeutschen Bundes, deren Contingente theilweise in die Preussische Armee aufgenommen werden.
3. Juli 1867	Verleihung von 57 Fahnen und 16 Standarten an die neuen Regimenter aller Waffen im Lustgarten zu Potsdam.
	Italienische goldene Tapferkeits-Medaille.
11. Juli 1867	Dem neu erbauten Werk der Festung Cosel den Namen »Fort Kronprinz« gegeben.
24. Juli 1867	Empfang des Sultans Abdul Aziz in Coblenz.
2. Sept. 1867	Feier des 150jährigen Bestehens des Cadetten-Corps zu Berlin.
21. Sept. 1867	Erste Besichtigung der Grossherzoglich Badischen Division als oberster Kriegsherr des Norddeutschen Bundes.
3. Oct. 1867	Einweihung und Schlüssel-Empfang der im Bau vollendeten Burg Hohenzollern. Empfang der Adresse des ersten Norddeutschen Reichstages durch den Präsidenten Simson.
7. Oct. 1867	Bei der Anwesenheit in Nürnberg wird die Preussische Königsstandarte auf der Burg aufgehisst.
30. Oct. 1867	Dem Herzoge Georg von Meiningen das 2. Thüringische Infanterie-Regiment Nr. 32 verliehen.
15. Febr. 1868	50jähriges Jubiläum als Chef des Kaiserlich Russischen Kalugaschen Infanterie-Regiments Nr. 5. Russische goldene Schnalle für 50jährige Dienstzeit. Deputation unter Oberst von Werner, Commandeur des Regiments.
19. März 1868	Dem General von Manstein das Schleswigsche Infanterie-Regiment Nr. 84,

22. Juni 1868	dem General von Voigts-Rhetz das 3. Hannoversche Infanterie-Regiment Nr. 79, verliehen.
25. Juni 1868	Bei der Enthüllung des Luther - Denkmals in Worms.
3. Juli 1868	Bei der Enthüllung des Denkmals auf dem Kasernenhofe des Kaiser Franz Garde-Grenadier-Regiments Nr. 2 in Berlin.
4. Juli 1868	Stiftung der Landwehr - Dienst - Auszeichnung 1. Klasse.
14. Aug. 1868	Bei der Grundsteinlegung der Wilhelms - Heil-Anstalt in Wiesbaden.
9. Sept. 1868	Chef des Königlich Sächsischen 2. Grenadier-Regiments (König von Preussen); jetzt Nr. 101, Kaiser. Wilhelm, König von Preussen; bei der ersten Besichtigung der Sächsischen Truppen des Norddeutschen Bundesheeres.
18. Oct. 1868	Dem Grafen von Bismarck das 1. Magdeburgische Landwehr-Regiment Nr. 26 verliehen, unter gleichzeitiger Stellung à la suite des Magdeburgischen Cürassier-Regiments Nr. 7.
29. Oct. 1868	Fahnen-Verleihungs-Ordre für die neuformirten Provinzial-Landwehr-Bataillone.
22. März 1869	Dem Fürsten Günther von Schwarzburg-Sondershausen das 3. Thüringische Infanterie-Regiment Nr. 71,
	dem Fürsten Albert von Schwarzburg-Rudolstadt († 26. Nov. 1869) das Westfälische Dragoner-Regiment Nr. 7, verliehen.
27. Mai 1869	Der neuen Kaserne der Festung Königsberg i. Pr. den Namen »Defensions - Kaserne Kronprinz« gegeben.
Juni 1869	Besuch des Vicekönigs von Aegypten in Berlin.
17. Juni 1869	Einweihung von Wilhelmshaven.
3. Juli 1869	Das älteste Regiment der Armee, das Ostpreussische Grenadier-Regiment Kronprinz feiert sein 250jähriges Bestehen. Dem Regiment den Namen Grenadier-Regiment Kronprinz (1. Ostpreussisches) Nr. 1 verliehen.
23. Aug. 1869	Dem General von Plonski das 2. Posensche Infanterie-Regiment Nr. 19,

24. Aug. 1869	dem General von Alvensleben I. das 3. Magdeburgische Infanterie-Regiment Nr. 66, verliehen.
6. Sept. 1869	Königs-Revue über das II. Armee-Corps unter Befehl des Kronprinzen bei Stargard in Pommern.
11. Sept. 1869	Dem General von Hindersin († 25. Jan. 1872) das Pommersche Feld-Artillerie-Regiment Nr. 2 verliehen.
13. Sept. 1869	Königs-Revue über das I. Armee-Corps bei Heiligenbeil.
17. Sept. 1869	Dem Kronprinzen Albert von Sachsen das Ostpreussische Dragoner-Regiment Nr. 10 verliehen.
4. Oct. 1869	Fünfzigjähriges Dienstjubiläum des Prinzen Albrecht (Vater) von Preussen. Denselben à la suite des 1. Garde-Regiments zu Fuss gestellt.
25. Oct. 1869	Dem Fürsten von Schaumburg-Lippe das Westfälische Jäger-Bataillon Nr. 7 verliehen.
8. Dec. 1869	Kaiserlich Russischer St. Georgen-Orden, Grosskreuz.
1870	**Feldzug gegen Frankreich.** 15. Juli: Bei der Ankunft aus Ems am Abend in Berlin: Mobilmachungs-Ordre für die gesammte Armee. 17. Juli: Allgemeiner Bettag. 19. Juli: Kriegs-Erklärung Frankreichs. 19. Juli: Wiedererweckung des Eisernen Kreuzes. 31. Juli: Abreise zur Armee. »An mein Volk.« Bis 7. Aug.: In Mainz. Siegesnachricht von Weissenburg und Wörth erhalten. 11. Aug.: St. Avold. Proclamation an das Französische Volk. 15. Aug.: Pange. Das Schlacht-Feld von Colombey-Nouilly beritten. 17. Aug.: Das Schlachtfeld von Vionville-Mars la Tour beritten. 18. Aug.: Schlacht bei Gravelotte-St. Privat. 30. Aug.: Schlacht bei Beaumont. 1. Sept.: Schlacht bei Sedan; Kaiser Napoleon erklärt brieflich die Uebergabe seines Degens. 2. Sept.: Capitulation der Armee von Châlons. Begegnung mit dem Kaiser Napoleon im Schloss

Bellevue bei Sedan. Kaiser Napoleon begiebt sich in Kriegsgefangenschaft nach Cassel. Ritt durch die Biwaks der ganzen Armee um Sedan.
19. Sept.: Hauptquartier Ferrières. Beginn der Cernirung von Paris. Von Meaux aus die Stellungen des Garde- und Sächsischen Armee-Corps beritten.
21. Sept.: Grossherzoglich Mecklenburg-Schwerinsches Militär-Verdienstkreuz, Erste Klasse.
2. Oct.: Die Vorposten des XI. Preussischen Armee-Corps und der Württembergischen Division beritten.
3. Oct.: Die Vorposten des Garde- und IV. Armee-Corps beritten.
5. Oct.: Hauptquartier Versailles. Die Stellungen des VI. Preussischen und II. Bayerischen Armee-Corps beritten.
9. Oct.: Königlich Sächsischer Militär. St. Heinrichs-Orden, Grosskreuz mit Lorbeerkranz.
21. Oct.: Ausfall auf Malmaison (Marly Aquaeduct).
28. Oct.: Beim Empfang der Nachricht von der Capitulation der Festung Metz: den Kronprinzen und den Prinzen Friedrich Carl von Preussen zu Feldmarschällen ernannt; General von Moltke in den Grafenstand erhoben und dem Kriegsminister von Roon den Orden pour le mérite verliehen. Anlegung der 1. Klasse des Eisernen Kreuzes bei deren erster Verleihung.
27. Dec.: Beginn des Feuers der Belagerungs-Artillerie gegen Paris.

14. Jan. 1871 — Annahme der Deutschen Kaiserkrone durch Schreiben an die Deutschen Fürsten. 17. Jan.: Schreiben an die Senate der Freien- und Hanse-Städte. Eine Deputation des Norddeutschen Reichstages übergiebt eine Adresse durch Präsident Simson.

18. Jan. 1871 — **Deutscher Kaiser.** Proclamirung im Spiegelsaal des Schlosses von Versailles. Proclamation an das Deutsche Volk.

| 1871 | 19. Jan.: Schlacht am Mont-Valérien. Grosskreuz des Württembergischen Militär-Verdienst-Ordens.
26. Jan.: Einstellung des Feuers auf Paris.
28. Jan.: Dreiwöchentlicher Waffenstillstand.
29. Jan.: Besetzung der Pariser Forts. 7. Febr.: Entfernung der Geschütze von den Wällen. Ablieferung der Waffen der Armee von Paris.
22. Febr.: Verlängerung des Waffenstillstandes bis zum 26. Febr. 26. Febr.: Unterzeichnung der Friedenspräliminarien. Verlängerung des Waffenstillstandes bis zum 12. März.
28. Febr.: Dem Könige von Württemberg in Versailles das 1. Rheinische Infanterie-Regiment Nr. 25 verliehen.
1. März: Revue des VI. und XI. Preussischen und II. Bayerischen Corps auf dem Longchamp und Einmarsch dieser Corps in Paris.
2. März: Ratificirung des Friedensschlusses. Fahrt von Versailles über Sèvres, Billancourt durch die Porte de St. Cloud nach Paris, nach dem Point du jour und innerhalb der Enceinte über den Boulevard Murat nach der Porte d'Auteuil.
3. März: Revue der Preussischen Garden, des Königs-Grenadier-Regiments Nr. 7 und der Belagerungs-Artillerie der 3. und der Maas-Armee auf dem Longchamp.
Dem Kaiser Alexander II. von Russland das Kaiser Alexander Garde-Grenadier-Regiment Nr. 1 verliehen.
4. März: Theilweise Demobilmachung der Armee. Chef des Kaiserlich Russischen Dragoner-Regiments des Kriegsordens Nr. 13.
Chef des 2. Württembergischen Infanterie-Regiments (Kaiser Wilhelm, König von Preussen); jetzt Nr. 120.
7. März: Abreise von Versailles. Revue der Bayerischen, Sächsischen und Württembergischen Truppen auf dem Schlachtfelde zwischen |

	Champigny und Villiers. Hauptquartier Ferrières. 9. März: Demobilmachung der Flotte. 10. März: Besichtigung der Forts von Villiers bis Pantin. 13. März: Hauptquartier Nancy. 14. März: Feierlicher Empfang bei Betretung des Preussischen Bodens in Saarbrücken. Goldener Lorbeerkranz der Rheinprovinz. 15. März: Feierlicher Einzug in Frankfurt a. M. 17. März: Halle. Magdeburg. Brandenburg. Wiedersehen mit der Kaiserin-Königin in Potsdam. Einzug in Berlin.
20. März 1871	Stiftung der Kriegsdenkmünze für 1870/71. Goldener Lorbeerkranz der Kaufmannschaft von Berlin.
21. März 1871	Eröffnung des 1. Deutschen Reichstages. Den Reichskanzler Grafen von Bismarck in den Fürstenstand erhoben.
22. März 1871	Stiftung des Verdienstkreuzes für Frauen und Jungfrauen.
28. März 1871	Dem Könige Johann von Sachsen († 29. Oct. 1873) das 3. Ostpreussische Grenadier-Regiment Nr. 4 verliehen.
8. April 1871	Den Generalen Herwarth von Bittenfeld und von Steinmetz den Charakter als General-Feldmarschall verliehen.
1. Mai 1871	Demobilmachung des Kaiserlichen Hauptquartiers; Verleihung der Rothen Adler-Orden-Medaille an die Stabswache.
Mai 1871	Errichtung des XV. Armee-Corps in Elsass-Lothringen. Das Grossherzogthum Baden stellt das XIV., das Königreich Württemberg das XIII., das Königreich Bayern zwei selbständige Armee-Corps, laut Convention zu Versailles Ende November 1870.
16. Mai 1871	Ratifizirung des am 10. Mai zu Frankfurt a. M. abgeschlossenen Friedens-Vertrages.
10. Juni 1871	Dem Grossfürsten Alexis von Russland das 2. Schlesische Husaren-Regiment Nr. 6 verliehen.
11. Juni 1871	Den Kronprinzen Albert von Sachsen zum General-Feldmarschall ernannt.

13. Juni 1871	Kaiser Alexander II. von Russland nimmt in Coblenz die Parade über sein aus Frankreich zurückkehrendes Garde-Grenadier-Regiment ab.
16. Juni 1871	Feierlicher Einzug der Garden, eines combinirten Bataillons des Königs-Grenadier-Regiments (2 Westpreussisches) Nr. 7, sowie eines combinirten Bataillons der Infanterie und einer combinirten Escadron der gesammten Deutschen Armee in Berlin. Enthüllung des Denkmals Königs Friedrich Wilhelm III. — Zum ersten Mal: Anlegung des Grosskreuzes des Eisernen Kreuzes zu Ehren der Armee. Vertheilung der Kriegsdenkmünzen für 1870/71. Dem Kronprinzen und dem Prinzen Friedrich Carl das Eichenlaub zum Grosskreuz des Ordens pour le mérite und die Feldmarschallstäbe, dem Prinzen Carl von Preussen das Schleswig-Holsteinische Ulanen-Regiment Nr. 15, der Prinzessin Friedrich Carl von Preussen das 2. Brandenburgische Dragoner-Regiment Nr. 12, dem Prinzen Luitpold von Bayern das Magdeburgische Feld-Artillerie-Regiment Nr. 4, dem Prinzen Georg von Sachsen das Altmärkische Ulanen-Regiment Nr. 16, dem General von Tümpling das 3. Schlesische Dragoner-Regiment Nr. 15, dem General von Zastrow († 12. Aug. 1875), das 1. Schlesische Grenadier-Regiment Nr. 10, dem General von Fransecki das 5. Pommersche Infanterie-Regiment Nr. 42, dem General von Boyen das Hessische Füsilier-Regiment Nr. 80, dem General von Kirchbach das 1. Niederschlesische Infanterie-Regiment Nr. 46, dem General von Werder das 4. Rheinische Infanterie-Regiment Nr. 30, dem General von Goeben das 2. Rheinische Infanterie-Regiment Nr. 28, verliehen. Den Prinzen Albrecht (Vater) († 14. Oct. 1872) zum General-Oberst (von der Cavallerie),

	den General der Infanterie Grafen v. Moltke, zum General-Feldmarschall, ernannt.
	Den General von Roon in den Grafenstand erhoben.
19. Juni 1871	Dem Prinzen Ludwig von Hessen das 1. Hessische Infanterie-Regiment Nr. 81 verliehen.
29. Juni 1871	60jähriges Dienstjubiläum des General-Feldzeugmeisters Prinzen Carl von Preussen. Dessen Grenadier-Regiment Nr. 12 den Namen: Grenadier-Regiment Prinz Carl von Preussen (2. Brandenburgisches) Nr. 12 verliehen.
3. Aug. 1871	Neues Reichswappen und Kaiser-Standarte.
9. Sept. 1871	Dem Kaiser von Oesterreich das Schleswig-Holsteinsche Husaren-Regiment Nr. 16 verliehen.
29. Oct. 1871	50jähriges Dienstjubiläum des Prinzen Adalbert von Preussen.
30. Oct. 1871	Bei der Enthüllung des Denkmals des Garde-Schützen-Bataillons in der Hasenhaide bei Berlin.
21. März 1872	Annahme des neuen Modells für das Infanterie-Gewehr M./71.
19. resp. 20. Mai 1872	Weihe der Fahnen etc. des Garde-Corps mit dem Eisernen Kreuz in den Spitzen, zu Potsdam und Berlin.
4. Juni 1872	Dem Kronprinzen Humbert von Italien das 1. Hessische Husaren-Regiment Nr. 13 verliehen.
3. Aug. 1872	100jährige Stiftungsfeier des ältesten Artillerie-Regiments, des Ostpreussischen Feld-Artillerie-Regiments Nr. 1.
7. Sept. 1872	Drei-Kaiser-Parade am Kreuzberge bei Berlin.
10. Sept. 1872	Dem Kaiserlich Russischen General-Feldmarschall Grafen von Berg († 18. Jan. 1874) das 6. Brandenburgische Infanterie-Regiment Nr. 52,
14. Sept. 1872	dem General Freiherrn von Barneckow das 6. Rheinische Infanterie-Regiment Nr. 68, dem General Hann von Weyhern das Pommersche Husaren-Regiment (Blüchersche Husaren) Nr. 5, verliehen.
19. Oct. 1872	Das Litthauische Dragoner-Regiment (Prinz Albrecht von Preussen) Nr. 1 behält für alle Zeiten den Namen seines am (14. Oct. verewigten Chefs.

1. Nov. 1872	Provisorische Neu-Organisation der Artillerie.
21. Nov. 1872	Dem General von Peucker († 10. Febr. 1876) das Schlesische Feld-Artillerie-Regiment Nr. 6, Corps-Artillerie, verliehen.
1. Jan. 1873	Den Kronprinzen zum 2. Chef des 1. Garde-Landwehr-Regiments, den Prinzen Carl von Preussen zum 2. Chef des 3. Garde Grenadier-Landwehr-Regiments, den Prinzen Friedrich Carl von Preussen zum 2. Chef des 1. Garde-Grenadier-Landwehr-Regiments, den Prinzen Albrecht von Preussen zum 2. Chef des 3. Garde-Landwehr-Regiments, den Prinzen Georg von Preussen zum 2. Chef des 4. Garde-Landwehr-Regiments, den Prinzen Alexander von Preussen zum 2. Chef des 2. Garde-Grenadier-Landwehr-Regiments, den General Grafen von Roon zum General-Feldmarschall, ernannt.
19. Jan. 1873	Aufstellung von 86 eroberten französischen Fahnen und Adlern in der Garnisonkirche zu Potsdam mit Deputationen der Armee.
23. März 1873	Das 2. Westfälische Infanterie-Regiment (Prinz Friedrich der Niederlande) erhält den Namen seines hohen Chefs.
April 1873	Reise nach Russland. 27. April: Russischer Ehren-Degen für Tapferkeit mit dem Georgen-Bande (in St. Petersburg).
4. Mai 1873	Dem Russischen General-Feldmarschall Fürsten Bariatinsky das 2. Hessische Husaren-Regiment Nr. 14 verliehen.
31. Mai 1873	Ankunft des Schah von Persien in Berlin.
Sept. 1873	Italienischer Militär-Orden von Savoyen, Grosskreuz.
1. Sept. 1873	Den Forts von Strassburg und Metz die Namen von folgenden 21 Generalen beigelegt: Kronprinz, Prinz Friedrich Carl, Grossherzog von Baden, Fürst Bismarck, Graf Moltke, Kronprinz von Sachsen, Graf Roon, von Steinmetz, Prinz August von Württemberg, von Manteuffel, von

	Voigts-Rhetz, von Zastrow, von der Tann, von Manstein, von Fransecki, von Goeben, von Kirchbach, von Werder, von Bose, von Alvensleben II., von Blumenthal. Ausserdem Forts in Sonderburg, Friedrichsort und Magdeburg nach den Generalen von Herwarth, von Falckenstein und von Alvensleben I. genannt und den Düppeler Schanzen den Namen Wrangel-Schanzen gegeben.
2. Sept. 1873	Enthüllung der Sieges-Säule zu Berlin. Selbstanlegung der Schwerter zum Königlichen Hausorden von Hohenzollern. Dem General von Bose das 1. Thüringische Infanterie-Regiment Nr. 31, dem General von Blumenthal das Magdeburgische Füsilier-Regiment Nr. 36, dem General Grafen Wilhelm zu Stolberg das 1. Schlesische Dragoner-Regiment Nr. 4, verliehen. Den Grossherzog von Mecklenburg-Schwerin zum General-Oberst (von der Infanterie), den Prinzen August von Württemberg zum General-Oberst (von der Cavallerie) ernannt.
19. Sept. 1873	Den General Freiherrn von Manteuffel zum General-Feldmarschall ernannt, bei Beendigung der Occupation in Frankreich.
24. Sept. 1873	Parade bei der Anwesenheit Königs Victor Emanuels von Italien in Potsdam. Grosskreuz des Königlich Italienischen Militär-Ordens von Savoyen.
Oct. 1873	Reise nach Wien. 18. Oct.: Inhaber des Kaiserlich-Königlich Oesterreichischen Huszaren-Regiments König Friedrich Wilhelm III. von Preussen (in Schönbrunn).
20. Oct. 1873	Bei der Parade der Oesterreichischen Truppen auf der Schmelz bei Wien.
23. Oct. 1873	Dem Erzherzoge Wilhelm von Oesterreich das Ostpreussische Feld-Artillerie-Regiment Nr. 1 verliehen.
30. Oct. 1873	Bei der Enthüllung des Denkmals auf dem Artillerie-Schiessplatz bei Berlin.

1. Nov. 1873	Dem General-Feldmarschall Grafen von Roon den Feldmarschallstab verliehen.
9. Nov. 1873	Den General-Lieutenant von Kameke zum Kriegsminister ernannt.
2. Dec 1873	Oesterreichische Kriegs-Erinnerungs-Medaille. Dem Schleswig-Holsteinschen Husaren-Regiment Nr. 16 den Namen Kaiser Franz Joseph von Oesterreich, König von Ungarn (Schleswig-Holsteinsches) Nr. 16 verliehen.
8. Dec. 1873	Dem 1. Brandenburgischen Ulanen-Regiment (Kaiser Alexander von Russland) Nr. 3 den Namen seines hohen Chefs verliehen.
7. Jan. 1874	Das 3. Garde-Grenadier-Regiment Königin Elisabeth behält für alle Zeiten den Namen seines am 14. Dec. 1873 verewigten Chefs.
8. Jan. 1874	Annahme des neuen Feld-Artillerie-Materials c./73.
11. Feb. 1874	Der Grossherzog von Baden ist als Chef des 1. Badischen Feldartillerie-Regiments Nr. 14 zu führen.
5. Mai 1874	Kaiser Alexander II. besichtigt sein Cürassier-Regiment auf dem Königs-Platz bei Berlin.
7. Mai 1874	Neue Artillerie-Organisation durchgeführt; das 2. Brandenburgische Feld-Artillerie-Regiment Nr. 18 erhält ebenfalls den Namen »General-Feldzeugmeister«.
14. Juni 1874	Den neuen Garde-Landwehr-Bataillonen Fahnen verliehen.
1. Juli 1874	Den Prinzen Friedrich der Niederlande zum General-Oberst (von der Infanterie) mit Patent vom 1. Jan. 1873 ernannt. 200 jährige Stiftungsfeier des ältesten Cavallerie-Regiments der Armee, des Leib-Cürassier-Regiments (Schlesisches) Nr. 1.
14. Sept. 1874	Königs-Revue über das X. Armee-Corps bei Hannover.
20. Sept. 1874	Stapellauf und Taufe der Panzer-Fregatte »Friedrich der Grosse« in Kiel. Der Fortification auf dem Jägerberge bei Friedrichsort den Namen »Fort Stosch« gegeben.
22. Nov. 1874	Aufstellung der Gedächtniss-Tafeln für die Ge-

	fallenen des Garde- und III. Armee-Corps in der Garnisonkirche in Berlin.
14. Jan. 1875	Dem Fürsten Georg zu Waldeck und Pyrmont das 3. Hessische Infanterie - Regiment Nr. 83 verliehen.
11. Mai 1875	Parade vor dem Kaiser Alexander II. im Lustgarten zu Potsdam.
1. Juni 1875	Schwedische goldene Tapferkeits - Medaille beim Artillerie-Exerziren vor König Oscar II. von Schweden auf dem Kreuzberge bei Berlin.
16. Aug. 1875	Bei der Enthüllung des Hermann-Denkmals bei Detmold.
	Dem Fürsten Leopold zur Lippe († 8. Dec. 1875) das 6. Westfälische Infanterie-Regiment Nr. 55, verliehen.
10. Sept. 1875	Königs-Revue des VI. Armee-Corps bei Bunzelwitz.
	Dem Kronprinzen das 2. Schlesische Grenadier-Regiment Nr. 11 verliehen.
13. Sept. 1875	Königs-Revue des V. Armee-Corps bei Haynau.
18. Sept. 1875	Dem General von Podbielski das Niederschlesische Feld-Artillerie-Regiment Nr. 5 verliehen.
20. Sept. 1875	Königs-Revue über das IX. Armee-Corps bei Rostock.
22. Sept. 1875	Flotten-Manöver auf der Rhede von Warnemünde.
	Dem General von Stosch den Rang eines Admirals verliehen.
25. Sept. 1875	Dem General-Obersten Grossherzog von Mecklenburg-Schwerin das Hannoversche Husaren-Regiment Nr. 15,
	dem General von Tresckow das 2. Magdeburgische Infanterie-Regiment Nr. 27,
	dem Kriegsminister General von Kameke das 2. Hannoversche Infanterie-Regiment Nr. 77, verliehen.
28. Sept. 1875	Heer- und Wehr-Ordnung des Deutschen Reiches.
12. Oct. 1875	Dem General von Stülpnagel das 5. Brandenburgische Infanterie - Regiment Nr. 48 verliehen.
18. Oct. 1875	Einzug in Mailand. Am 19. Oct.: Parade der Italienischen Truppen auf der Piazza d'armi.

15. Aug. 1876	Dem General-Feldmarschall Grafen von Wrangel bei seinem 80 jährigen Dienstjubiläum einen Ehrendegen mit Brillanten verliehen und bestimmt, dass dessen Standbild in Berlin aufgestellt werden soll.
16. Aug. 1876	Die Herzöge zu Sachsen-Coburg-Gotha und zu Sachsen-Meiningen-Hildburghausen sollen gemeinsam als Chefs des 6. Thüringischen Infanterie-Regiments Nr. 95, der Herzog zu Sachsen-Altenburg als Chef des 1. Bataillons, die regierenden Fürsten Reuss ältere und jüngere Linie sollen gemeinsam als Chefs des 2. Bataillons, der Fürst von Schwarzburg-Rudolstadt als Chef des Füsilier-Bataillons, 7. Thüringischen Infanterie-Regiments Nr. 96, geführt werden.
16/17. Aug. 1876	Cavallerie-Exerziren bei Bomst.
23. Aug. 1876	Der Grossherzog von Sachsen soll als Chef des 5. Thüringischen Infanterie-Regiments Nr. 94 (Grossherzog von Sachsen), der Herzog von Anhalt als Chef des Anhaltinischen Infanterie-Regiments Nr. 93, geführt werden.
6. Sept. 1876	Kaiser-Revue über das XII. (Königlich-Sächsische) Armee-Corps bei Leipzig.
8. Sept. 1876	Königs-Revue über das IV. Armee-Corps bei Merseburg.
1. resp. 15. Sept. 1876	Königs-Revue über das Garde- und III. Armee-Corps am Kreuzberge bei Berlin.
13. Sept. 1876	Dem Fürsten Reuss jüngere Linie das Magdeburgische Jäger-Bataillon Nr. 4, dem Fürsten von Schwarzburg-Rudolstadt das Magdeburgische Dragoner-Regiment Nr. 6,
20. Sept. 1876	dem General Gross- genannt von Schwarzhoff das 4. Ostpreussische Grenadier-Regiment Nr. 5, verliehen.
22/23. Sept. 1876	Kaiser-Revue über das XIII. (Königlich Württembergische) Armee-Corps bei Stuttgart.
25/26. Sept. 1876	Cavallerie-Exerziren bei Weissenburg im Elsass.
27. Nov. 1876	Der Grossherzog von Oldenburg soll als Chef des

21. Dec. 1876	Oldenburgischen Infanterie-Regiments Nr. 91 und des Oldenburgischen Dragoner-Regiments Nr. 19 geführt werden. Bei der Eröffnungsfeier der neuen Vereinigten Artillerie- und Ingenieur-Schule bei Berlin.
1. Jan. 1877	**70 jähriges Dienstjubiläum.** Beglückwünschung durch die Deutschen Fürsten und deren Abgesandte und durch alle Feldmarschälle und commandirenden Generale der Deutschen Armee. Altdeutsches Schwert von den alten Kriegern. Silberne Hermanns-Säule vom Westfälischen Krieger- und Landwehr-Verband.

ORDEN
Seiner Majestät des Kaisers und Königs.

(Kriegsorden sind durch den Druck hervorgehoben.)

I. Grosskreuze etc.

A. Preussische.

(Orden, die im Knopfloch getragen werden, siehe hinten.)

Schwarzer Adler-Orden. 1. Januar 1807.
Rother Adler-Orden, Grosskreuz mit Eichenlaub und Schwertern und Schwertern am Ringe. Stiftung: 18. Oct. 1861.
Rother Adler-Orden 1. Klasse mit Schwertern. 1. Januar 1807, Schwerter: 28. Juli 1849.
Kronen-Orden 1. Klasse (dafür trägt Se. Majestät Kronen-Orden 3. Klasse). Stiftung: 18. October 1861.
Hohenzollernscher Hausorden, Grosscomthurkreuz. 23. Aug. 1851, Stern dazu: 18. Oct. 1861, Schwerter: 2. Sept. 1873.

Orden pour le mérite, Stern und Kreuz. (Mit dem Bilde Königs Friedrichs des Grossen), Anlegung des Ordens am 11. Nov. 1866.
Orden pour le mérite. 28. Juli 1849, Eichenlaub: 4. Aug. 1866.
Eisernes Kreuz, Grosskreuz. Anlegung: 16. Juni 1871.
Eisernes Kreuz 1. Klasse. Anlegung: 28. October 1870.
Fürstlich Hohenzollernsches Ehrenkreuz 1. Klasse. 5. Dec. 1841 (dafür trägt Se. Majestät statutenmässig Ehrenkreuz 2. Klasse mit Krone und Schwertern), Schwerter am 15. Januar 1867.

B. Nicht Preussische.

(Alphabetisch geordnet.)

(Orden, die im Knopfloch getragen werden, siehe hinten.)

Herzogl. **Anhaltischer Orden Albrecht des Bären**, Grosskreuz. 14. Februar 1853, Schwerter: 12. Sept. 1864 (die Schwerter werden nur an der Insignie des grossen Bandes getragen).
Grossherzogl. Badischer Orden der Treue.
Badischer Militär. Carl Friedrich Verdienst-Orden, Grosskreuz. 19. August 1849.
Grossherzogl. Badischer Orden vom Zähringer Löwen, Grosskreuz.
Königl. Bayerischer St. Hubertus-Orden.
Bayerischer Militär. Max Joseph-Orden, Grosskreuz. Für 1849. Anlegung: Mai 1854.
Königl. Belgischer Leopold-Orden, Grosskreuz.
Kaiserl. Brasilianischer Süd-Kreuz-Orden, Grosskreuz.
Brasilianischer Orden Dom Pedro I., Grosskreuz.
Herzogl. Braunschweigischer Heinrich des Löwen Orden, Grosskreuz.
Königl. Dänischer Elephanten-Orden.
Kaiserl. Französischer Ehrenlegions-Orden, Grosskreuz.
Königl. Griechischer Erlöser-Orden, Grosskreuz.
Königl. Grossbritannischer Hosenband-Orden. 1861.
Grossbritannischer Bath-Orden, Grosskreuz. 1. Jan. 1857.
Königl. Hannoverscher St. Georgs-Orden, Grosskreuz.
Hannoverscher Guelphen-Orden, Grosskreuz.
Grossherzogl. **Hessischer Ludwigs-Orden**, Grosskreuz mit Schwertern.
Hessischer Löwen-Orden (früher Kurhessischer Orden am 27. Aug. 1875 als Grossherzogl. Hessischer aufgenommen).

Grossherzogl. **Hessischer Verdienst - Orden Philipps des Grossmüthigen** mit Schwertern, Schwerter: Sept. 1849.
Königl. Italienischer Annunciaten-Orden.
Italienischer Militär-Orden von Savoyen, Grosskreuz. 24. Sept. 1873.
Republikan. St. Marino-Orden, Grosskreuz.
Grossherzogl. Mecklenburgischer Orden der Wendischen Krone, Grosskreuz mit Kette und Krone in Erz.
Grossherzogl. **Mecklenburg - Schwerinsches Militär - Verdienstkreuz** 1. Klasse. 21. Sept. 1870.
Kaiserl. Mexicanischer Adler-Orden, Gross-Offizier mit Kette.
Fürstl. Monacoischer Orden des heiligen Carl, Gross-Offizier.
Herzogl. Nassauischer Haus-Orden vom goldenen Löwen. Bei der Stiftung: 16. März 1858.
Königl. **Niederländischer Militär Wilhelms - Orden**, Grosskreuz. Juni 1849.
Niederländischer Löwen-Orden, Grosskreuz.
Kais.-Kgl. Oesterreichischer St. Stephans-Orden, Grosskreuz.
Grossherzogl. **Oldenburgischer Haus-Orden**, Ehren-Grosskreuz mit Schwertern und Kette.
Kaiserl. Persisches Portrait des Schahs in Brillanten. 31. Mai 1873.
Königl. **Portugiesisches vereinigtes grosses Ehrenzeichen des Christus, St. Bento d'Aviz- und San Jago-Ordens.**
Portugiesischer Thurm- und Schwert-Orden mit Kette.
Kaiserl. Russischer St. Andreas-Orden mit Kette. Von den dazu gehörigen Orden auch den Stern des St. Alexander Newsky-Orden.
Russischer St. Georgen-Orden I. Klasse. 8. Dec. 1869.
Russischer St. Wladimir-Orden 1. Klasse. 11. Sept. 1834 in St. Petersburg.
Königl. Sächsischer Orden der Rauten-Krone.
Sächsischer Militär. St. Heinrichs-Orden, Grosskreuz (mit Lorbeerkranz, einziges Exemplar). 9. Oct. 1870.
Grossherzogl. **Sächsischer Falken-Orden**, Grosskreuz mit Schwertern.
Herzogl. **Sachsen-Ernestinischer Haus-Orden**, Grosskreuz mit Schwertern.
Königl. Schwedischer Seraphinen - Orden.
Schwedischer Orden Carl XIII.

Königl.	Siamesischer Moha-Wara-Bohru-Orden (Weisser Elephant).
Königl.	Sicilianischer St. Januar-Orden.
	Sicilianischer St. Ferdinands-Orden, Grosskreuz.
Königl.	Spanisches goldenes Vliess.
	Spanischer St. Fernando-Orden, Grosskreuz. 1866.
Grossherzogl.	Toscanischer St. Josephs-Orden.
Grossherrl.	Türkischer Medjidié-Orden 1. Klasse mit Brillanten.
	Türkischer Osmanié-Orden 1. Klasse mit Brillanten.
	Tunesischer Haus-Orden mit Brillanten.
Königl.	Württembergischer Kronen-Orden, Grosskreuz.
	Württembergischer Militär-Verdienst-Orden, Grosskreuz. 19. Jan. 1871.

II. Orden, Ehrenzeichen und Denkmünzen etc.

die im Knopfloch (an der Schnalle) getragen werden.

A. Preussische.

(Geordnet nach der Cabinets-Ordre vom 4. Dec. 1871.)

Eisernes Kreuz II. Klasse, 10. März 1814. Ehren-Senior 3. Aug. 1841.

Kriegs-Denkmünze von 1814. 3. Aug. 1814.

Erinnerungs-Medaille von 1863. 17. März 1863.

Rother Adler-Orden III. Klasse. 18. Jan. 1810. Schwerter: 28. Juli 1849.

Kronen-Orden III. Klasse. Stiftung am 18. Oct. 1861.

Dienst-Auszeichnungskreuz (25 jähriges). 23. März 1831.

Fürstlich Hohenzollernsches Ehrenkreuz II. Klasse mit Schwertern und Krone. Schwerter: 15. Jan. 1867.

Kriegs-Denkmünze für 1870/71.

Erinnerungskreuz für 1866. Stiftung am 20. Sept. 1866.

Kriegs-Denkmünze für 1864. Stiftung am 10. Nov. 1864.

Hohenzollernsche Denkmünze. Stiftung am 25. März 1852.

B. Nicht Preussische.
(Alphabetisch geordnet.)

Grossherzogl. **Badische Gedächtniss-Medaille für 1849.**
Grossherzogl. **Hessisches Militär-Verdienstkreuz.** 1870.
Königl. **Italienische goldene Tapferkeits-Medaille.** 1. Anlegung: 3. Juli 1867.
Fürstl. **(Schaumburg-) Lippesche Militär-Verdienst-Medaille** mit Säbeln. 1870.
Grossherzogl. **Mecklenburg-Schwerinsches Militär-Verdienstkreuz** (II. Klasse), 1849, als es noch keine 2 Klassen gab.
Mecklenburg-Strelitzsches Verdienstkreuz für Auszeichnung im Kriege. 1870.
Kais.-Kgl. Oesterreichisches 25 jähriges Dienstkreuz. 1870.
Oesterreichische Kriegs-Erinnerungs-Medaille, am 2. Dec. 1873.
Kaiserl. **Russischer St. Georgen-Orden IV. Klasse.** 5. März 1814. (Nach der Kriegsministeriellen Bestimmung vom 10. Jan. 1872, unmittelbar hinter dem Rothen Adler-Orden III. Klasse mit Schwertern zu tragen.)
Russische Medaille für den Einzug in Paris. 30. März 1826 in St. Petersburg.
Russische goldene Schnalle für 50 jährige Dienstzeit. 15. Feb. 1868.
Königl. **Schwedische gold. Tapferkeits-Medaille.** 1. Juni 1875.

Seiner Majestät Regimenter.

A. Preussische.

1) 1. Garde-Regiment zu Fuss. **Chef,** seit dem 2. Jan. 1861.
2) Königs-Grenadier-Regiment (2. Westpreussisches) Nr. 7. **Chef,** erhalten 6. Juni 1817.
3) Leib-Grenadier-Regiment (1. Brandenburgisches) Nr. 8, seit dem 2. Jan. 1861.
4) 2. Badisches Grenadier-Regiment »Kaiser Wilhelm« Nr. 110. **Chef,** erhalten 9. Aug. 1857.

5) Regiment der Gardes du Corps. **Chef**, seit dem 2. Jan. 1861.
6) Leib - Cürassier - Regiment (Schlesisches) Nr. 1, seit dem 20. Sept. 1866.
7) 1. Leib - Husaren - Regiment Nr. 1, seit dem 2. Jan. 1861.
8) 2. Leib - Husaren - Regiment Nr. 2, seit dem 2. Jan. 1861.
9) Königs-Husaren-Regiment (1. Rheinisches) Nr. 7. **Chef**, erhalten 1. Jan. 1857.

B. Nicht Preussische.

10) Kaiserl. Russisches Kalugasches Infanterie - Regiment Nr. 5 »Kaiser Wilhelm, König von Preussen«. **Chef**, erhalten am 15. Februar 1818.
11) Russisches St. Petersburgisches Grenadier - Regiment »König Friedrich Wilhelm III. von Preussen«. **Chef**, erhalten am 17. März 1863.
12) Russisches Dragoner - Regiment des Kriegsordens. Nr. 13. **Chef**, erhalten am 4. März 1871.
13) Kais.-Kgl. Oesterreichisches 34. Ungarisches Infanterie - Regiment, »Wilhelm I., Deutscher Kaiser, König von Preussen«. **Erster-Inhaber**, erhalten am 10. Oct. 1841.
14) Oesterreichisches 10. Huszaren-Regiment, »Friedrich Wilhelm III. König von Preussen«. **Inhaber**, erhalten am 18. Oct. 1873.
15) Königlich Bayerisches 6. Infanterie-Regiment »Kaiser Wilhelm, König von Preussen«. **Oberst - Inhaber**, erhalten am 6. Jan. 1861.
16) Königlich Sächsisches 2. Grenadier-Regiment Nr. 101 »Kaiser Wilhelm, König von Preussen«. **Chef**, erhalten am 9. Sept. 1868.
17) Königlich Württembergisches 2. Infanterie - Regiment »Kaiser Wilhelm, König von Preussen« Nr. 120. **Chef**, erhalten am 4. März 1871.

zu Militair-Wochenblatt 1878 Beiheft.

Die Haupt-Kadetten-Anstalt

zu

Lichterfelde bei Berlin

nebst

einem Rückblick auf die Entwickelung

des

Königlich Preußischen Kadettenkorps

von

von Pelet=Narbonne,
Major im Kriegsministerium.

Mit einer Ansicht und einem Grundriß.

Berlin 1878.
Ernst Siegfried Mittler und Sohn
Königliche Hofbuchhandlung
Kochstraße 69. 70.

Nachdruck verboten. Uebersetzungsrecht vorbehalten.

Die kürzlich erfolgte Uebersiedelung des Berliner Kadettenhauses nach den neu erbauten Räumlichkeiten auf der Feldmark des von Berlin mit der Anhaltischen und der Berlin = Potsdam = Magdeburger Eisenbahn in etwa 15 Minuten zu erreichenden Dorfes Lichterfelde bildet einen so wichtigen Abschnitt in der Entwickelung des mit dem Gedeihen der Armee so innig verbundenen Kadettenkorps, daß dies Ereigniß geeignet scheint, nicht nur in der Armee, sondern auch in allen Kreisen unseres Vaterlandes die lebhafteste Theilnahme zu erwecken.

Die große Bedeutung jener Thatsache kann indeß erst voll gewürdigt werden, wenn man einen Blick auf die Geschichte jenes Instituts, der eigensten Schöpfung der preußischen Könige wirft, und sich so vergegenwärtigt, aus welch kleinen Anfängen unter der steten besonderen Fürsorge unserer Herrscher das Kadettenkorps sich zu dem jetzigen Gedeihen und der gegenwärtigen, wie es scheint, auf längerer Zeit zum Abschluß gelangten Organisation entwickelt hat.

Wie unsere Monarchen, die hohe Bedeutung der Kadettenanstalten für die Erziehung eines tüchtigen Offizierkorps erkennend, sich jederzeit eine unmittelbare Einwirkung auf dieselben vorbehalten haben, so haben auch des jetzt regierenden Kaisers und Königs Majestät den ausgeführten großen Bauten und der theilweise veränderten Organisation der Anstalt nicht nur ein lebhaftes Interesse zugewendet, sondern die Ausführung auch überwacht, oft eingreifend bis in die Details hinein.

Der Schöpfer des preußischen Kadettenthums ist König Friedrich Wilhelm I.*) — Bei seinem Regierungsantritt bestanden sogenannte Kadetten=Akademien zu Berlin, Magdeburg und Kolberg, deren Zweck neben

---

*) Bei nachstehendem Aufsatze ist, soweit derselbe die geschichtliche Entwickelung des Kadettenkorps bis zum Jahre 1856 berührt, außer Originalquellen, einigen kleineren Schriften und gedruckten Abhandlungen, insbesondere v. Crousaz, Geschichte des Königl. Preußischen Kadettenkorps, Berlin 1857, benutzt worden.

der Ergänzung des Offizierkorps auch derjenige von Wohlthätigkeitsanstalten für den ärmeren Adel des Landes war. — Die Kadetten zu Berlin und Magdeburg*) bildeten in sich geschlossene Kompagnien, während diejenigen der Kolberger Akademie auf die einzelnen Kompagnien der Garnison vertheilt waren. — Die Berliner Akademie, 1701 formirt, befand sich seit 1712 in dem sogenannten Hetzgarten, an derselben Stelle, an der noch gegenwärtig das alte Berliner Kadettenhaus steht. — Die Kadetten zu Magdeburg waren daselbst in der Zitadelle untergebracht, während die Kolberger sich in Privatwohnungen befanden. Die Zöglinge dieser Institute empfingen wohl eine militärische Dressur, doch fehlte es an der Erziehung und wissenschaftlichen Bildung. Die zerstreuten Akademien gestatteten außerdem keine unmittelbare Kontrole des Königs, und da sie ohne organischen Zusammenhang waren, so mußten ihre Resultate sehr verschiedenartige, oft vom Zufall abhängige sein. — Dieser Umstand veranlaßte den König, die Anstalten zu Kolberg und Magdeburg im Jahre 1717 mit derjenigen in Berlin zu vereinigen und so das corps des cadets zu stiften, welches bis 1721 von 130 auf 236 Zöglinge augmentirt wurde.

Bekannt ist, in welch nahes Verhältniß zu dem corps des cadets der Große Friedrich als Kronprinz trat. — Bei der Begründung des Instituts wurde er dessen nomineller Chef und hat, älter geworden, die Uniform des Korps getragen. — Sein erster Lehrmeister im militärischen Exerziren war ein sechszehnjähriger Kadett; die erste Truppe, welche Kronprinz Friedrich Uebungen unter persönlichem Kommando ausführen ließ, war die „Kronprinzliche Kompagnie Kadets".

Die Erziehung der Kadetten unter König Friedrich Wilhelm I. war eine wahrhaft spartanische, die Strafen auch für geringere Vergehen waren von außerordentlicher Härte, die wissenschaftliche Ausbildung erscheint dem praktischen Militärdienst gegenüber noch sehr vernachlässigt.

König Friedrich der Große ergriff unmittelbar nach seiner Thronbesteigung zunächst Maßregeln, welche auf eine humanere Behandlung der Kadetten und die Hebung des wissenschaftlichen Unterrichts hinzielten und schritt dann zu erheblichen organisatorischen Veränderungen des Instituts.

Als ein Uebelstand war es empfunden worden, daß das Berliner Kadettenhaus neben den bereits zum Eintritt in das Heer befähigten Zöglingen auch ganz kleine Knaben aufzunehmen hatte, welche meist ohne alle elementare Kenntnisse waren. Dies bewog den König, zunächst die im Potsdamer Waisenhause befindlichen Offiziersöhne in eine besondere Abtheilung formiren, diese verstärken zu lassen, und so eine Filiale des Berliner Hauses von etwa 50 Zöglingen zu bilden. Demnächst aber wurden auch, und zwar

---

*) Vergl. einen Aufsatz von A. v. Witzleben: Die Magdeburger Kadettenkompagnie. Militärische Blätter Bd. XXII., Heft 6.

zugleich als Wohlthätigkeitsanstalten für den ärmeren Adel jener Gegenden 1769 das Kadettenhaus zu Stolpe für 100, 1776 das Kadettenhaus zu Kulm für 60 Zöglinge gegründet. Außerdem stiftete der König, um über dem Institut der allgemeinen Offiziererziehung eine geistige Elite zu versammeln, welche für höhere militärische Zwecke herangezogen werden konnte, die académie militaire, welche sich zunächst lediglich aus den vorzüglichsten Zöglingen des Berliner Kadettenhauses rekrutirte und in einem gewissen Zusammenhange mit dem Kadettenkorps blieb, dessen Chef auch diese Anstalt unterstellt war.

Das Hetzhaus in der Neuen Friedrichstraße war inzwischen bereits sehr baufällig geworden, so daß der König im Jahre 1776 den Bau eines neuen, des bisherigen Gebäudes des Berliner Kadettenhauses beginnen ließ. Dasselbe wurde bereits im Jahre 1779 bezogen. Auf seine Bestimmung deutete das Brustbild der Minerva über dem Portal und die Inschrift hin: „Martis et Minervae alumnis."

Als der große König starb, enthielten die Kadettenanstalten 392 Zöglinge.

Wie sehr das Kadettenkorps unter diesem Herrscher des heroischen Geistes theilhaftig geworden war, der damals das Offizierkorps der Armee erfüllte, und wie das patriotische Gefühl in jener großen Zeit auch die jüngsten Zöglinge durchglühte, zeigte sich in seltenem Lichte, als im Jahre 1760 infolge der Besetzung Berlins durch die Russen 100 daselbst zurückgebliebene Kadetten im Alter von 10 bis 11 Jahren in russische Kriegsgefangenschaft abgeführt wurden. — Diese Kinder erregten die Bewunderung des Feindes durch ihr muthiges Ausharren im Leiden und ihre stets kühn zur Schau getragene Liebe für König und Vaterland.

Unter König Friedrich Wilhelm II. hörte die Unmittelbarkeit auf, welche bisher zwischen dem Könige und dem Kadettenkorps bestanden hatte, indem das letztere dem neu errichteten Oberkriegskollegium unterstellt wurde. Um den Bedürfnissen der vergrößerten Armee zu genügen, und um den Adel der nach der zweiten Theilung Polens neu erworbenen Provinz Südpreußen zum Dienste in der Armee heranzuziehen, stiftete der König 1793 ein Kadettenhaus zu Kalisch für 100 Kadetten, dessen Rekrutirung durch Zöglinge indeß große Schwierigkeiten bot. — Die Zahl der Kadetten war beim Tode des Königs auf 486 gestiegen.

Die Schicksale des Kadettenkorps unter König Friedrich Wilhelm III. gestalteten sich den Geschicken entsprechend, die in der Regierungszeit dieses Herrschers unser Vaterland betrafen, vielbewegt. — Zunächst erfolgte im Jahre 1800 eine Vermehrung des Berliner Hauses um eine 5. Kompagnie. Ferner wurde 1801 das Potsdamer Institut, in welches das Hofpagenkorps einverleibt worden war, als selbstständige Anstalt errichtet, welche sich zwar noch in einem Seitenflügel des Waisenhauses befand, im übrigen von diesem aber gänzlich gesondert war. — Weiterhin erfolgte im Jahre 1804 eine Augmentation der Kadettenhäuser zu Kulm und Kalisch um je 25 Zöglinge, so daß nunmehr die Gesammtzahl der in fünf Anstalten untergebrachten Kadetten auf 750 stieg. — Unter dem General v. Rüchel, dem die Leitung des gesammten Kadettenkorps anvertraut worden war, machte sich eine lebhafte Geistesthätigkeit bemerkbar, insbesondere wurde das Unterrichtswesen mehrfachen Reformen unterworfen. — Infolge der günstigen Resultate, die das Kadettenkorps erzielte, war auch der Andrang zu den Pensionärstellen trotz des für jene Zeit recht hohen Erziehungsgeldes von 222 Thlrn. 21 Gr. pro Jahr ein beträchtlicher.

Diese günstigen Verhältnisse änderten sich indeß plötzlich, als die Schicksalsschläge der Jahre 1806 und 1807 unser Vaterland heimsuchten. — Das Berliner Haus löste sich fast auf, indem etwa 200 Kadetten unter Oberst v. Lingelsheim vor der Besetzung Berlins durch die Franzosen nach Königsberg überführt und von dort der Armee überwiesen wurden. — Die Kadettenhäuser zu Kulm und Kalisch schieden infolge des Friedensschlusses zu Tilsit aus dem preußischen Staatsverbande und sollten von dem neuen Landesherrn übernommen werden. — Für die Institute folgten nun mancherlei Drangsale. — So fehlten für das Kulmer Haus eine zeitlang sämmtliche Mittel zur Unterhaltung desselben; das Personal sowohl wie die Zöglinge waren harten Entbehrungen ausgesetzt, bis die Regierung des Großherzogthums Warschau endlich die Mittel zur Fortführung der Anstalt auszahlen ließ. — Die Kadetten, welche in den bei Preußen verbleibenden Landestheilen heimisch waren, wurden von Kulm nach Stolpe, von Kalisch nach Berlin übergeführt. — Mit den größten Schwierigkeiten hatte aber das Kadettenhaus zu Stolpe zu kämpfen. — Gelder zum Unterhalt für dasselbe gingen während des Winters 1806 und 1807 nicht ein, der Kredit war erschöpft, und doch vermochte es der Kommandeur der Anstalt, Major v. Bonin, nicht über sich zu gewinnen, die hülflosen, zum Theil verwaisten Kinder aus seiner Obhut zu entlassen. — Man mußte sich den größten Entbehrungen unterziehen, und schließlich konnte doch nur dadurch einer Auflösung des Instituts vorgebeugt werden, daß ein pommerscher Patriot, Herr v. Below, seine letzten Mittel dem Institute als Darlehn bot. — Dem Stolper Hause wurde für das treue Ausharren aber auch eine hohe Anerkennung, indem der Anstalt im Jahre 1810 eine von den Eigenen Händen der unvergeßlichen Königin Luise gestickte Fahne zutheil wurde, welcher kostbare Schatz jetzt dem Potsdamer Kadettenhause angehört.

Dem verminderten Staatsgebiete entsprechend war nach dem Friedensschluß auch eine Reduzirung des Kadettenkorps geboten. — Durch A. K.-O. vom Jahre 1809 wurde demnach der Etat des Berliner Hauses auf 4 Kompagnien zu je 52 Köpfen herabgesetzt, auch ging das Potsdamer Haus nach und nach in dem Berliner auf, worauf im Jahre 1811 die Anstalt zu Stolpe, auf 48 Zöglinge reduzirt, nach Potsdam verlegt wurde.

Die Jahre 1816—1818 waren Jahre der Reorganisation für das bamals nur noch 480 Zöglinge zählende Kadettenkorps. Die Anstalt in Berlin wurde zu 4 Kompagnien zu 60 Zöglingen, die Anstalten zu Potsdam und Kulm, welche letztere nunmehr wieder in preußische Verwaltung gekommen war, in je 2 Kompagnien von der gleichen Stärke formirt. — Die Voranstalten sollten die unteren Klassen und die Zöglinge vom 10. bis zum 14. Lebensjahre, Berlin die oberen Klassen enthalten. — Noch wichtiger als die äußere Reorganisation war die geistige, welche sich unter dem neuen hochverdienten Kommandeur des Kadettenkorps, Oberstlieutenant v. Brause, vollzog und zunächst in der neuen vom Könige im Jahre 1818 erlassenen Instruktion ihren Ausdruck fand.

Infolge des gesteigerten Bedürfnisses der Armee an Offizieren wurde im Jahre 1835 eine weitere Vermehrung der Kadettenanstalten angeordnet und im Jahre 1838 das Kadettenhaus zu Wahlstatt in einem ehemaligen Kloster, im Jahre 1840 das Kadettenhaus zu Bensberg in einem ehemals herzoglich Bergischen Schlosse eröffnet. Auch wurden unterm 21. Juni 1838 vom Könige neue, zum Theil noch jetzt maßgebende Statuten für das Kadettenkorps erlassen, welches nunmehr in dem Hauptinstitut 280, in den 4 Voranstalten 612, im ganzen also 892 Zöglinge enthalten sollte.

Unter König Friedrich Wilhelm IV. gelangten in den Jahren 1844—1846 sehr wesentliche Reformen im Militär-Erziehungs- und Bildungswesen zur Ausführung, welche in den Verordnungen 1) über die Ergänzung der Offiziere des stehenden Heeres im Frieden und die militärische Ausbildung der Offizieraspiranten und 2) über die Organisation des Kadettenkorps ihren Ausdruck fanden.*)

So war das Kadettenkorps im rüstigen Fortschreiten. Von der Huld seiner Könige getragen, von geistvollen Männern an seiner Spitze geleitet, war die Anstalt mit dem Wachsen ihrer Schülerzahl auch hinsichtlich ihres geistigen und wissenschaftlichen Gehalts zu höheren Stufen gelangt. Da überflutete die Bewegung des Jahres 1848 unser Vaterland. Das Kadettenkorps, in dem man mit Recht eine Stätte der Pflege des Offiziergeistes sah, genoß die Ehre, von den revolutionären Elementen, welche damals zur Herrschaft zu gelangen suchten, am besten gehaßt zu werden.

Den Uebelwollenden ein wesentliches Hinderniß zur Durchführung ihrer verbrecherischen Absichten, wurde die Institution des Kadettenkorps in Wort und Schrift auf das heftigste angegriffen.

Am 18. März, vom Aufruhr umtobt, befand sich das Berliner Kadettenhaus in einer gefährlichen Lage. Alles war zur Vertheidigung der Anstaltsgebäude hergerichtet. Es kam indeß nicht zum äußersten, und am 19. März marschirten auf Befehl des Königs sämmtliche Zöglinge mit ihren Gewehren,

---

*) Auf diese organisatorischen Maßnahmen und auf die Veränderungen, welche dieselben in den Jahren 1849 bis 1852 erfuhren, näher einzugehen, würde leider die Grenzen der uns gestellten Aufgabe überschreiten.

geführt vom General v. Below, nach dem Potsdamer Bahnhofe, von wo sie nach Potsdam gelangten und im dortigen Kadettenhause nothdürftig Unterkunft fanden.

Am 7. April, als die Verhältnisse in Berlin sich günstiger gestaltet hatten, kehrte das Kadettenkorps dorthin zurück. Indeß verließ das Institut die Stadt noch einmal, als im Spätherbst desselben Jahres die Stimmung der Bevölkerung wiederum erregter wurde, und zwar indem der Kommandeur die Zöglinge auf einige Tage nach Fürstenwalde führte. Nach der Rückkehr von dort wurden zum Schutz der Anstalt 3 Kompagnien Infanterie in dieselbe verlegt. Von den Voranstalten waren besonders Kulm und Bensberg gefährdet gewesen und hatten Infanteriebedeckungen erhalten.

Während dieser trüben Zeit hatte sich, wie in vergangenen schweren Tagen wiederum der vortreffliche in dem Kadettenkorps herrschende Geist bewährt. Dies erkannte insbesondere auch der mit den Truppen in Berlin eingerückte sieggekrönte General v. Wrangel an, indem derselbe nach einer eingehenden Besichtigung der Anstalt dem Kadettenhause sein Bild mit einer eigenhändigen Widmung schenkte.*)

Eine Vermehrung der Kadettenanstalten erfolgte unter König Friedrich Wilhelm IV. nicht, doch wurde im Jahre 1854 vom Könige befohlen, daß künftighin eine größere als die bisher auf 1156 Zöglinge normirte Zahl in das Kadettenkorps aufzunehmen und entsprechende Erweiterungsbauten an den Kadettenhäusern auszuführen seien.

Inzwischen war durch die unterm 27. Dezember 1849 sanktionirten Reformvorschläge in der Organisation des Kadettenkorps insofern eine bedeutungsvolle Aenderung eingetreten, als die bisher vorhandenen 360 Freistellen eingingen und bestimmt worden war, daß alle Kadetten Erziehungsbeiträge zu zahlen hätten. Die sogenannten etatsmäßigen Kadetten, deren Zahl 720 betrug, zahlten in Kategorien von je 240 nunmehr jährliche Erziehungsbeiträge von bezw. 30, 60 und 100 Thalern, die Pensionäre 150 bezw. 240 Thaler, Ausländer 324 Thaler.

Der Ersatz, welchen das Kadettenkorps dem Offizierkorps der Armee mit jährlich durchschnittlich 138 Kadetten zuführte, vermochte indeß dem Bedürfnisse keineswegs zu genügen. Solches erkennend und von der Wichtigkeit durchdrungen, dem Offizierkorps einen ausreichenden Ersatz zu sichern, hatten des jetzt regierenden Kaisers und Königs Majestät schon im Jahre 1856 als Prinz von Preußen in einer an den König gerichteten Denk-

---

*) Die Widmung lautete: Am 16. Januar 1849, in einer noch recht bewegten Zeit, habe ich das Kadettenhaus besucht und in dem Korps einen recht guten Geist gefunden. — Aus Kadetten werden Soldaten, aus diesen Krieger und auch Helden, und jeder strebe und ringe nach dem Höchsten und sei bereit sein Blut für den geliebten König und das theure Vaterland zu vergießen; denn will der Himmel mit uns enden, stirbt sich's am besten mit den Waffen in den Händen. — v. Wrangel.

schrift die Nothwendigkeit betont, das Kadettenkorps um das Dreifache zu vermehren. Der Ausführung dieser Maßregel standen indeß Hindernisse finanzieller Natur entgegen, und erst im Jahre 1859, als man hoffen konnte die entsprechenden Mittel flüssig zu machen, befahlen Seine Königliche Hoheit der Prinz-Regent, daß die Vermehrung der etatsmäßigen Stellen des Kadettenkorps um 240 und gleichzeitig auch die Anlage einer fünften Provinzial-Kadettenanstalt im Schloß zu Weißenfels in Aussicht zu nehmen sei. Auch diese Maßregel konnte indeß nicht zur Durchführung gelangen, da der Landtag wiederholt die Bewilligung der erforderlichen Geldmittel ablehnte, und erst infolge der Ereignisse des Jahres 1866 gelang es, die Erweiterung des Kadettenkorps in einer dem Anwachsen der Armee durch die Organisationen der Jahre 1859 und 1866 entsprechenden Weise ins Leben zu rufen. Durch A. K.-O. vom 9. Mai 1867 wurde nunmehr die Einrichtung von zwei neuen Provinzial-Kadettenanstalten zu je 2 Kompagnien in den Schlössern zu Ploen und zu Oranienstein und die Vermehrung der etatsmäßigen Stellen des Kadettenkorps um 200 befohlen. Die Uebergabe der genannten, im fiskalischen Besitz befindlichen Schlösser an die neu ernannten Kommandeure der Anstalten fand bereits im Monat Juni desselben Jahres statt, und am 1. Mai des folgenden Jahres konnte die Eröffnung erfolgen.

Der Umstand, daß nunmehr aus den Voranstalten eine größere Zahl von Schülern durch Uebertritt in das Berliner Haus gelangten, führte zu der durch A. K.-O. vom Jahre 1868 befohlenen Erweiterung dieser Anstalt auf 6 Kompagnien zu 100 Köpfen. Diese Maßregel war als ein Uebergangsstadium gedacht, und schon damals die Erweiterung der Hauptanstalt auf 8 Kompagnien in 2 Bataillonen projektirt; doch mußte die volle Ausführung dieses Planes der räumlichen Verhältnisse der Anstaltsgebäude halber bis zu der, wie wir sehen werden, bereits seit längerer Zeit in Aussicht genommenen Verlegung des Berliner Hauses aus dem Innern der Stadt vertagt werden. Die Unterbringung der zwei neu formirten Kompagnien erforderte verschiedene bauliche Aenderungen innerhalb der Anstalt, insbesondere wurden die Wohnungen der Lehrer und Unterbeamten für die Unterbringung der Kadetten herangezogen. Im Jahre 1869 mußte aus den vorerörterten Gründen die Errichtung noch einer 7. Kompagnie bei der Hauptanstalt stattfinden; auch wurde infolge der weiter zunehmenden Bedeutung des Kadettenkorps und der eingetretenen Geschäftsvermehrung eine selbstständige Stelle für den Kommandeur des Kadettenkorps mit dem Gehalt eines Generalmajors kreirt und derselbe gleichzeitig von der Leitung des Berliner Hauses entbunden, für welches eine besondere Kommandeurstelle geschaffen wurde, mit der seit dem Jahre 1869 der Rang und die Kompetenzen eines Regiments-Kommandeurs verknüpft sind.

Schon in dem Jahre 1857 war seitens der General-Inspektion des Militär-Erziehungs- und Bildungswesen in Rücksicht auf die infolge des Anwachsens der Großstadt sich immer ungünstiger gestaltende Lage des Berliner Instituts die Verlegung desselben nach einer freien, der Gesundheit zuträglicheren Gegend in Anregung gebracht worden. Durch die demnächst erlassene A. K.=O. vom 20. April 1858 wurde genehmigt, daß vorläufig behufs Feststellung der Kosten eines Neubaues die erforderlichen Ermittelungen eingeleitet würden. Auf Grund derselben wurde hierauf die Erbauung einer Anstalt für 600 Zöglinge und als Bauplatz das Terrain der ehemaligen Pulverfabrik zwischen der Ulanenkaserne, der Spree, der Verbindungsbahn und Moabit ins Auge gefaßt, Grundstücke, welche damals theils zum Ressort des Handelsministers, theils dem Kronfideikommiß gehörten. Behufs Erwerbung des Terrains wurde mit den betheiligten Ministern in Unterhandlungen getreten, doch führten dieselben zunächst zu keinem Resultat. Die Ausführung des Projektes mußte außerdem, weil damals keine Aussicht vorhanden war, von dem Landtage die Bewilligung der erforderlichen Geldmittel zu erlangen, definitiv vertagt werden. Erst im Jahre 1867 wurde der Angelegenheit wieder näher getreten, als die erfolgte stärkere Belegung des Hauptinstituts den Neubau als ein nicht mehr aufschiebbares Bedürfniß hatte erkennen lassen und auch gehofft werden konnte, die erforderlichen Geldmittel zu erhalten.

Die neue Anstalt sollte, den veränderten Verhältnissen entsprechend, nunmehr zu 800 Kadetten in 8 Kompagnien zu 2 Bataillonen hergerichtet, und die Baukosten sollten zum Theil aus dem Verkaufserlöse des Grundstückes in der Neuen Friedrichstraße gedeckt werden. Für die Errichtung der Anstalt wurde ein im Besitz der Finanzverwaltung befindliches, auf der Charlottenburger Feldmark in der Nähe des Hippodrom gelegenes Terrain in Aussicht genommen. Da dies Grundstück indeß bereits dem Afflimatisationsverein zugesagt war, so konnte dasselbe der Militärverwaltung zu dem vorgedachten Zweck erst überlassen werden, nachdem letztere den gedachten Verein durch ein entsprechendes Grundstück bei Kriegersfelde am Kreuzberge entschädigt hatte. — Nachdem diese Verhältnisse geregelt waren, wurde durch A. K.=O. vom 29. August 1868 die Verlegung des Berliner Kadettenhauses nach dem vorgedachten Grundstücke genehmigt und das Kriegsministerium ermächtigt, die erforderlichen Anordnungen einzuleiten. — Die Bearbeitung von Entwürfen für den Bau wurde zwar begonnen, doch aus verschiedenen Gründen die Absicht, die Anstalt auf jenem Platze zu erbauen, wieder aufgegeben und dem Anerbieten des Rittergutsbesitzers Carstenn zu Lichterfelde näher getreten, welcher sich erbot, für den Fall, daß die Anstalt auf das Terrain seines Rittergutes verlegt würde, nicht nur den Grund und Boden zum Aufbau unentgeltlich herzugeben, sondern auch eine Reihe weiterer Verpflichtungen zu übernehmen.

Die bezüglichen Verhandlungen erlitten eine Unterbrechung durch die kriegerischen Ereignisse des Jahres 1870. Dieser große Krieg sowie die vorangegangenen Feldzüge hatten von neuem die hohe Bedeutung des Kadettenkorps für die Armee erkennen lassen, denn wiederum hatten die in der Armee dienenden ehemaligen Kadetten gezeigt, daß der alte Geist der Tapferkeit und Pflichttreue in den Zöglingen der Anstalt fortlebe. Mehr als sonstige Anführungen es könnten, wird die nachfolgende Zusammenstellung ersehen lassen, welch reiche Steuer an Blut von ehemaligen Kadetten dem Vaterlande in dem letzten Kriege dargebracht worden ist, und wie hervorragend die Leistungen der früheren Zöglinge des Instituts waren.

Ehemalige Kadetten.	Generale.	Stabs-Offiziere.	Hauptleute und Rittmeister.	Lieutenants.	Portepee-Fähnriche.	Summa.	
Den Feldzug machten mit	90	591	738	1842	25	3286	
Den Rothen Adlerorden erhielten . .	7	1	—	2	—	10	
Den Königlichen Hausorden von Hohenzollern mit Schwertern	5	5	—	1	—	11	3063
Den Orden pour le mérito	24	17	—	—	—	41	
Das Eiserne Kreuz I. Klasse	72	213	83	23	—	391	
Das Eiserne Kreuz II. Klasse	85	530	631	1360	4	2610	
Es wurden verwundet	10	103	178	471	5	767	
Es sind gefallen	1	24	35	128	10	198	
Es starben infolge der Wunden . . .	—	—	—	—	—	143	1146
An Krankheiten und Strapazen . . .	—	—	—	—	—	38	

Im Beginn des Jahres 1871 wurden die Verhandlungen mit Herrn Carstenn wieder aufgenommen und fanden demnächst einen ersten Abschluß durch die A. K.-O. d. d. Versailles, den 2. Februar 1871, derzufolge die von Herrn Carstenn*) zum Neubau der Anstalt angebotene Fläche Landes von etwa 72 Morgen unter der Bedingung angenommen wurde, daß derselbe die jene Anlage erleichternden Anerbietungen in rechtlich bindender Form feststellen werde. — Gleichzeitig wurde die Aufstellung der Bauprojekte befohlen.

Die Nothwendigkeit, die Interessen des Instituts, sollte dasselbe infolge der Verlegung aus der Residenz nicht in seiner Lebensfähigkeit geschädigt werden, nach jeder Richtung sicher zu stellen, hatte zur Folge, daß der Kontrakt zwischen Herrn Carstenn und der Militärverwaltung erst unterm 23. Oktober 1871 zum Abschluß kam. — Diesem Kontrakt zufolge übergab Herr Carstenn dem Militärfiskus ein Grundstück von ca. 84 Morgen auf der Lichterfelder und von 12 Morgen auf der Giesendorfer Feldmark und ging außerdem eine

---

*) Herr Carstenn wurde später in den Adelstand erhoben.

Reihe von Verpflichtungen ein, welche sich unter andern auf die Entwässerung des Anstaltsterrains und die Wasserversorgung, die Anlage einer Gasanstalt, die Pflasterung der umliegenden Straßen, die Herstellung von Omnibuslinien, einer Telegraphenleitung und die Herbeischaffung von Baumaterial bezogen. Außerdem hatte Herr Carstenn mit der Anhaltischen Eisenbahngesellschaft ein Abkommen über den theils unentgeltlich, theils zu sehr ermäßigten Preisen zu bewirkenden Transport der Angehörigen des Instituts nach Berlin und zurück abgeschlossen, sich zur Zahlung verschiedener Kapitalien nach näherer Bestimmung des Kontraktes verpflichtet, sowie auch eine Kaution von 100 000 Thlr. zur Sicherheit für die Erfüllung seiner Verbindlichkeiten hinterlegt.

Die Projektbearbeitungen waren inzwischen so weit vollendet worden, daß dem Reichstage bereits in der Session von 1872 mit dem Gesetzentwurf, betreffend die französische Kriegsentschädigung, auch eine von einer eingehenden Denkschrift begleitete Vorlage zur Bewilligung von Mitteln für den Bau einer Zentral-Kadettenanstalt zu Lichterfelde zugehen konnte. Diese Vorlage wurde indeß von dem Reichstage abgelehnt, und demnächst im Jahre 1873 die Mittel zur Erbauung der Anstalt von jener Körperschaft von neuem erbeten, indem ein Gesetzentwurf, betreffend die Erweiterung der Dienstgebäude des Kriegsministeriums und des Generalstabes in Berlin, sowie der Militär-Erziehungs- und Bildungsanstalten, zur Vorlage gelangte. — Die Gesammtkosten des Baues in Lichterfelde waren hierbei auf 2 400 000 Thlr. berechnet, wozu noch ein Betrag von 60 000 Thlr. kam, welcher zur Deckung der Kosten für den Ankauf eines Hauses in Berlin bestimmt war, in dem der Korpskommandeur Dienstwohnung finden sollte. — Von jenen Summen sollten 1 460 000 Thlr. aus den bereitesten Mitteln der französischen Kriegskostenentschädigung und der Rest durch den auf rund eine Million Thaler veranschlagten Erlös aus den Grundstücken des bisherigen Berliner Kadettenhauses Deckung finden. Da der Reichstag die Forderungen bewilligte, konnte nunmehr mit dem Bau, welcher durch die erste erfolgte Ablehnung der Vorlage leider eine Verzögerung von einem Jahre erlitten hatte, rüstig vorgegangen werden. Am 1. September desselben Jahres fand die feierliche Grundsteinlegung in Anwesenheit Seiner Majestät des Kaisers und Königs, der Königlichen Prinzen, der Staatsminister und einer großen Zahl von Generalen, Stabsoffizieren, zahlreichen Deputationen und den Zöglingen des Berliner Kadettenhauses statt.

Der Grundstein, in welchem eine von Sr. Majestät dem Kaiser vollzogene Urkunde über die Grundsteinlegung, Denkschriften, Münzen ꝛc. Aufnahme fanden, wurde unter dem Altar der evangelischen Kirche gelegt. Als Se. Majestät die üblichen drei Hammerschläge vollzogen, sprachen Allerhöchstdieselben die Worte:

„Der Jugend zur Bildung, der Armee zum Heile."

Diese Königlichen Worte sind in dem Vestibül des Direktionsgebäudes an geeigneter Stelle in Goldschrift aufgezeichnet worden.

Wer den jetzt vollendeten Bau betrachtet, der wird den hier mitwirkenden Beamten die Anerkennung nicht versagen können, daß in den fünf Baujahren Außerordentliches geleistet worden ist.*)

Der mächtige, weithin sichtbare und insbesondere dem auf den umweit vorüberführenden Schienensträngen nach der Hauptstadt Reisenden sogleich in die Augen fallende Gebäudekomplex erhebt sich unweit des Dorfes Groß-Lichterfelde im Kreise Teltow, in trockener gesunder Lage auf einem sandigen, aber kulturfähigen Boden, der sich gegen die Niederung des 2000 Schritt weit davon gelegenen Teltower Sees allmälig senkt.

Die Gebäude sind bis auf einige kleinere Bauten, bei welchen gelbe Verblendsteine Verwendung gefunden haben, im Rohbau von rothen Ziegeln unter Anwendung von Terrakottenverzierungen an den Gesimsen im Style der Renaissance hergestellt. Der größte Theil der Gebäude ist durch bedeckte Hallen verbunden, so daß man jederzeit trockenen Fußes aus einem der Gebäude in die anderen gelangen kann.

Von der Lage der einzelnen Baulichkeiten des Instituts wird der beigefügte Grundriß (s. hinten) eine Anschauung geben.

Erläuterung:

A I, II, III, IV Kasernen zur Unterbringung von je 216 Kadetten. — Dieselben enthalten 36 Wohn- und 36 Schlafzimmer, von denen je ein Wohn- und ein daran stoßendes Schlafzimmer für je 6 Kadetten bestimmt sind. — Außerdem enthalten die Kasernen 2 Kompagnie-Versammlungssäle, 2 Fechtsäle, Sprechzimmer, Zimmer für Musik- und Privatunterricht, 2 Badelokale für 4 Wannen, Montirungsräume, 1 Revierkrankensaal, Handwerksstätten, Bibliothekszimmer und verschiedene Kammern. — Ferner befinden sich in den Kasernen die Wohnungen für die Kompagniechefs, die Feldwebellieutenants, für unverheirathete Offiziere, Gouverneure und Militärlehrer, für Aufwärter, Heizer ꝛc.

B. Direktionsgebäude. Dasselbe bildet den architektonischen Mittelpunkt der Anstalt, und ist insofern ein besonders interessanter Bau, als es dem Architekten gelungen ist, der sehr verschiedenartigen Bestimmung, der das

---

*) Bei dem Bau haben seit Beginn desselben theils gleichzeitig, theils aufeinander folgend an Baubeamten mitgewirkt: Geheimer Oberbaurath Fleischinger im Kriegsministerium, Intendantur- und Baurath Voigtel, Intendantur- und Baurath Bernhard, Intendantur- und Baurath Steuer, Garnison-Bauinspektor Busse, Post-Baurath Tuckermann, Hof-Bauinspektor Häberlin, Regierungs-Baumeister Doebber und Architekt Grunert, letzterer insbesondere inbezug auf künstlerische Ausschmückung.

Gebäude dienen soll, Rechnung zu tragen und doch einen harmonisch wirkenden höchst imposanten Bau zu schaffen.

Ein mächtiger, sich aus einem Achteck entwickelnder Kuppelbau, von vier kleinen Thürmen flankirt, erhebt sich, von der in Kupfer getriebenen Statue des Erzengels Michael*) im Panzerkleide mit Schild und Schwert gekrönt, über dem Gebäude und erreicht eine Höhe von 61,35 m.**) — Durch ein von Säulen aus schwedischem Granit gebildetes Portal, über dem sich die Inschrift befindet: Erbaut unter Kaiser Wilhelm König von Preußen MDCCCLXXIII., und welches die lebensgroßen Bronzestatuen der Könige Friedrich Wilhelm I., Friedrich des Großen, Friedrich Wilhelm III. und des jetzt regierenden Kaisers und Königs Majestät trägt,***) tritt man in ein Vestibül, in welchem die seit dem Jahre 1858 im Besitz des Kadettenkorps befindlichen und jetzt restaurirten Marmorstatuen von Zieten, Seydlitz, Schwerin, Winterfeld, Fürst Leopold von Dessau und Keith†) Aufstellung gefunden haben, und gelangt von hier in die evangelische Kirche. — Dieselbe bietet für 1000 Andächtige Raum und hat durch die Munifizenz Ihrer Majestät der Kaiserin eine sehr würdige Ausstattung erhalten, indem Allerhöchstdieselbe für den Altar ein prachtvoll gearbeitetes 5,50 m hohes in Holz geschnittenes Kruzifix, ein Ambon, einen Taufstein, einen Teppich, große, sehr schöne bronzene Leuchter und sonstige Kirchengeräthe geschenkt, während Seine Majestät der Kaiser und König der Kirche eine Prachtbibel mit Höchst eigenhändiger Widmung Ihrer Majestäten sowie ein Bibelpult überwiesen haben.

Das Schiff der evangelischen Kirche bildet den in den Exerzir- und Paradeplatz einspringenden Theil des Direktionsgebäudes. Dasselbe ist in einer der Bedeutung des Baues entsprechenden Weise mit Terrakotten reich geziert, mit Kreuz und Glocke versehen, sowie mit in Thon gebrannten Engelsfiguren geschmückt.††)

Auf den aus dem Vestibül zu beiden Seiten nach oben führenden Treppen gelangt man in die in dem Kuppelbau gelegene katholische Kapelle, welche für 150 Personen Raum bietet. Die Kapelle ist ein sehr harmonisch wirkender quadratischer Raum mit vier halbkreisförmigen Nischen. Das von oben durch matte gelbliche Scheiben einfallende Licht, sowie eine reiche, der Bedeu-

---

*) Modellirt vom Professor Engelhard in Hannover, gegossen von Professor Howald in Braunschweig.

**) Die Kuppel des Königlichen Schlosses in Berlin ist 68,20 Meter hoch.

***) Diese Statuen sind nach Maßgabe der obigen Reihenfolge modellirt von Bildhauer Moser, Professor Wolff, Bildhauer Moser, Professor Keil und gegossen von Gladenbeck in Berlin. — Es wurden zu dem Guß 7000 Kilo Bronze von eroberten französischen Geschützen verwendet.

†) Diese Statuen waren ursprünglich auf dem Wilhelmsplatze in Berlin errichtet worden und sind daselbst durch Statuen in Bronze ersetzt.

††) Von Bildhauer Pohlmann in Berlin modellirt.

tung des Ortes entsprechende Ausmalung*) sind geeignet, das Gemüth zu andachtsvoller Beschaulichkeit hinzuleiten. Auch dieses Gotteshaus ist von Ihrer Majestät der Kaiserin in huldvoller Weise bedacht worden. Außer Altarleuchter und Kruzifix ist von Allerhöchstderselben ein prachtvolles Altarbild, eine Kopie der Madonna des heiligen Sebastian von Correggio aus der Dresdener Gallerie geschenkt worden.

Die weiteren Räumlichkeiten des Direktionsgebäudes füllen Dienstwohnungen für die zwei Bataillons-Kommandeure, einen Militärlehrer, Professoren, den Oberstabsarzt, den evangelischen und den katholischen Prediger, Schreiber u. s. w. aus.

C. **Das Unterrichtsgebäude.** Der äußere Schmuck, den dasselbe erhalten hat, weist auf seine wichtige Bestimmung hin. Ueber der nach dem Paradeplatz zu gelegenen Front erhebt sich eine Figurengruppe in Zinkguß, die lehrende Minerva zwischen einem jüngeren und einem älteren Krieger darstellend;**) auf den Ecken des Gebäudes je ein ebenso ausgeführter Kampf lustig dreinschauender Krieger,***) während die über dem Portal befindlichen Medaillon-Bilder†) von Scharnhorst, Moltke und Roon die Jugend auf Männer hinweisen, deren Leistungen gleich hervorragen auf dem Gebiet des allgemeinen Wissens, wie in der besonderen Wissenschaft des Krieges.

Das Gebäude enthält die Aula (Feldmarschallsaal), 37 Lehrklassen, das physikalische Kabinet, die Korpsbibliothek, Gesang- und Zeichensäle, das Offizierkasino, einige Wohnräume c.

Ein Feldmarschallsaal bestand bereits in dem Lehrgebäude des Berliner Kadettenhauses. Dieser Festraum führte seine Bezeichnung daher, daß in demselben die Bilder sämmtlicher brandenburgisch-preußischen Feldmarschälle Aufnahme gefunden haben, eine in ihrer Art einzig dastehende Sammlung, deren Anblick wohl geeignet ist, in den Herzen der militärischen Jugend einen edlen Ehrgeiz wachzurufen. Außerdem wird in dem Saale eine kostbare Trophäe, der bei Waterloo erbeutete Degen Napoleon I. aufbewahrt, sowie die Porträts der Herrscher unseres erhabenen Königshauses und ein Reiterbild Sr. K. und K. Hoheit des Kronprinzen, ausgeführt vom Professor Steffeck, und von demselben Sr. K. K. Hoheit als Geschenk für die Anstalt übergeben. Der nach dem Oekonomiegebäude zu gelegene und durch zwei Stockwerke ragende 15,20 m hohe Saal hat eine Länge von 32,10 m und eine Breite von 17,10 m. Die Decke desselben zieren die auf goldornamentirtem Grunde gemalten Bildnisse der in allegorischer Weise zur Darstellung

---

*) Dieselbe ist vom Historienmaler Meurer in Berlin ausgeführt, welchem auch die Ausmalung der evangelischen Kirche übertragen war.
**) Modellirt von Bildhauer Drake in Berlin, gegossen von Brix in Berlin.
***) Modellirt von Bildhauer Doppmeyer in Hannover. Zinkguß von Brix.
†) Modellirt von dem verstorbenen Bildhauer Schievelbein in Berlin.

litärischen Tugenden,*) während die von der Decke nach erführende Voute plastische Kränze, Gehänge und Helme zeigt. nkten über den Deckenträgern befinden sich in die Posaune enfiguren,**) welche Wappen halten, geschmückt je mit dem ler und dem deutschen Reichsadler. Die Wand ist in 16 Felder e zum Theil durch im Besitz des Kadettenkorps befindliche lebens= :r von Mitgliedern des Preußischen Königshauses geschmückt und Stelle mit folgenden Devisen versehen sind: Nec soli cedit. Pro tria. Suum cuique. Gott mit uns. Vom Fels zum Meer. nstanter. In dem reichen Ornament über den 16 Wandfeldern ifel hervor, welche in goldener Schrift eine in der brandenburgisch= eschichte wichtige Jahreszahl zeigt, während zwischen den Wand= Hauptpilastern plastisch angebrachte Siegesgöttinnen***) auf Schilden den Namen einer besonders bedeutungsvollen Schlacht uch auf den zwischen Lorbeerlaub und Siegeskränzen geschlungenen f den Nebenpilastern der Name einer wichtigen Kriegsthat ver= Unterhalb der vorerwähnten Figuren der Siegesgöttinnen sind zisch=preußische Waffentrophäen aus den verschiedenen en dargestellt.†)

ichneten Dekorationsobjekte je einer Axe, die Tafel im Fries, r Siegesgöttin, die zwei Bänder der Seitenpilaster, die Waffen= Hauptpilasters wecken in ihrer Gesammtheit Erinnerungen gende Geschichtsepochen des brandenburgisch=preußischen ln den oberen Theilen der Hauptpilaster wie an den Kapitellen stischen Schmuck, die Königskrone über gekreuzten Feldmarschall= sche Adler ꝛc., während in den Zwickeln über den Archivolten chen sowie Kriegsorden anderer deutscher Staaten in Rosetten) gemalt finden.††)

rragendes Interesse nimmt der Fries†††) in Anspruch, welcher lrchitrav, der den Hauptpilastern als Fußpunkt dient, die In 13 Feldern von 1,12 m Höhe erblicken wir die figürlich= stellung des Feldzuges von 1870/71 mit einem Anfangsstück, intergrunde die Front des alten Berliner Hauses zeigend, auf g der Kadetten bezügliche Scenen von dem Eintritt in das Ka= s zur Entlassung aus der Anstalt zur Anschauung bringt, sowie Einweihung der neuen Anstalt bezüglichen Schlußstück. Auf dem

lhrt vom Historienmaler Ludwig Burger in Berlin.
:rt vom Bildhauer Hundrieffer.
fen vom Historienmaler Ludwig Burger in Berlin.
rt vom Bildhauer Hundrleffer, entworfen vom Historienmaler Ludwig Burger.
listorienmaler Ludwig Burger.
Bildhauer Pfuhl in Charlottenburg.

letzteren sehen wir Seine Majestät den Kaiser und König umgeben von den Prinzen des Königlichen Hauses und hervorragenden Führern des Heeres die neuerbaute Anstalt dem General-Inspekteur des Militär-Erziehungs- und Bildungswesens übergeben, um welchen sich der Kommandeur des Kadettenkorps, der Kommandeur der Anstalt, Offiziere, Lehrer, Geistliche gruppiren; im Hintergrunde Kadetten, welche das Gewehr präsentiren. Auf diesem Friesfelde sind, sämmtlich mit Porträtähnlichkeit, zur Darstellung gelangt:

Links: Seine Majestät der Kaiser und König, S. K. und K. H. der Kronprinz, J. J. K.-K. H. H. die Prinzen Karl, Friedrich Karl, Albrecht, Wilhelm, Heinrich, Friedrich Leopold, August von Württemberg; die Generalfeldmarschälle Graf v. Moltke und Graf v. Roon; die Kommandirenden Generale, welche ehedem Kadetten waren, Generale der Infanterie v. Blumenthal, v. Kirchbach, Groß gen. v. Schwarzhoff, v. Tresckow, v. Fransecky; ferner der General der Infanterie v. Olleck, der Generallieutenant und Direktor des Allgemeinen Kriegsdepartements v. Voigts-Rheetz, der Generallieutenant z. Disp. v. Wartenberg und der Geheime Oberbaurath im Kriegsministerium Fleischinger. — Rechts: Der General der Kavallerie und General-Inspekteur des Militär-Erziehungs- und Bildungswesens Baron v. Rheinbaben, der Oberst und Kommandeur des Kadettenkorps v. Hauptwitz, der Oberst und Kommandeur der Haupt-Kadettenanstalt Lust, die Bataillons-Kommandeure Majore v. Heimburg und Boeck, Major Maier, erster Militärlehrer, Professor Herrig, Prediger Bollert, Hauptmann v. Diesslau, Premierlieutenant v. Reichenbach und vier Portepee-Unteroffiziere.

Unter dem Fries befindet sich als Basis des ganzen Saales ein Eichenholz-Panneel, dessen oberer bis zur Höhe von 2,8 m sich erhebender Theil die restaurirten Bilder der Feldmarschälle aufnehmen soll.*) In den Ecken

---

*) Das Kadettenkorps besitzt die Bildnisse von folgenden Feldmarschällen: Otto Christoph Freiherr v. Sparr, Johann Georg Fürst von Anhalt Dessau, Georg Freiherr v. Derfflinger, Friedrich Graf v. Schomberg, Alexander Freiherr v. Spaen, Heino Heinrich Graf v. Flemming, Johann Albrecht Graf v. Barfus, Alexander Herrmann Graf v. Wartensleben, Leopold Fürst von Anhalt-Dessau, Philipp Carl Graf v. Wiilich und Lottum, Friedrich Ludwig Herzog von Holstein-Beck, Alexander Burggraf und Graf zu Dohna, Georg Abraham v. Arnim, Dubislaw Gneomar v. Natzmer, Albrecht Konrad Graf Finck v. Finkenstein, Friedrich Wilhelm v. Grumbkow, Adrian Bernhard Graf v. Borcke, Erhard Ernst v. Röder, Kurt Christoph Graf v. Schwerin, Hans Heinrich Graf v. Katte, Friedrich Wilhelm Herzog von Holstein-Beck, Kaspar Otto v. Glasenapp, Samuel Graf v. Schmettau, Christian August Fürst von Anhalt-Zerbst, Leopold Maximilian Fürst von Anhalt-Dessau, Wilhelm Dietrich v. Buddenbrock, Adam Christoph v. Flanß, Friedrich Wilhelm v. Dossow, Henning Alexander v. Kleist, Friedrich Ludwig Burggraf und Graf zu Dohna-Carwinden, Christoph Wilhelm v. Kalckstein, Dietrich Prinz von Anhalt-Dessau, Joachim Christoph v. Jeetze, Jakob Keith, Friedrich Leopold Graf v. Geßler, Hans v. Lehwald, Moritz Prinz von Anhalt-Dessau, Ferdinand Herzog von Braunschweig, Friedrich II. regierender Landgraf von Hessen-Kassel, Karl

des Saales finden Statuen Aufstellung, und zwar eine Statue Friedrichs des Großen in noch jugendlichem Alter, ein Geschenk des Künstlers Bildhauer Sußmann-Hellborn an S. K. uud K. H. den Kronprinzen und von Allerhöchst= demselben der Anstalt überwiesen; ferner Modelle der Bronzestatuen des Haupt= portals der Könige Friedrich Wilhelm I., Friedrich Wilhelm III. sowie Sr. Majestät des Kaisers und Königs. Ein fernerer Schmuck ist diesem Festraume durch das Gipsmodell des im Friedrichshain in Berlin aufgestellten Denkmals der im letzten Kriege gefallenen Angehörigen des 5. Berliner Stadtbezirks geworden. Das von dem Künstler, Professor Calandrelli, geschenkte sehr schöne Bildwerk, welches einen für sein Vaterland gefallenen Krieger darstellt, der sein Haupt in glaubensvoller Hoffnung nach oben gerichtet, von einem Engel gen Himmel geleitet wird, hat seine Aufstellung in der Mittelloge über dem Haupteingange gefunden. — Außerdem haben in dem Feldmarschallsaale einen ehrenvollen Platz die Marmorbüsten folgender in den letzten Kriegen gefallener Generale oder in Generalsstellung befindlich gewesener Offiziere erhalten: Generalmajor v. Raven, Generallieutenant Frhr. Hiller= v. Gärtringen, Generalmajor v. François, Generalmajor Frhr. v. Diepenbroick-Grüter, Generallieutenant v. Gersdorf, Generalmajor von der Decken, Oberst v. Kontzky. — Jede dieser Büsten trägt die Inschrift: „Kaiser und König Wilhelm dem Kadettenkorps am 3. Sep= tember 1873."

D. Oekonomiegebäude. Dasselbe enthält einen Speisesaal für 880 Kadetten, einen Reservesaal, zwei Anrichtezimmer, eine Kochküche mit Dampf= kochapparat, Spülküche, Bäckerei, Vorrathsräume und einige Wohnungen. Im Speisesaale befinden sich die Gipsmodelle der Statuen König Friedrich Wilhelm III. sowie der neben und gegenüber der neuen Wache in Berlin aufgestellten Standbilder der Generale Graf York von Wartenburg, Graf Gneisenau, Bülow von Dennewitz und v. Scharnhorst. Außerdem bilden einen Schmuck des Speisesaales eine große Zahl der im Besitz des Kadettenkorps befindlichen Gemälde, darunter diejenigen von elf früheren Kommandeuren des Korps bezw. des Hauses.

Wilhelm Ferdinand regierender Herzog von Braunschweig, Richard Joachim Heinrich v. Möllendorf, Friedrich I. Eugen regierender Herzog von Württemberg, Wilhelm IX. regierender Landgraf von Hessen-Kassel, Alexander Friedrich v. Knobels= dorf, Ludwig Karl v. Kalckstein, Ludwig Friedrich Alexander Herzog von Württem= berg, Wilhelm Magnus v. Brünneck, Friedrich Adolph Graf v. Kalckreuth, Guillaume. René de l'Homme de Courbière, Gebhard Leberecht Fürst Blücher von Wahlstatt, Arthur Wellesley Herzog von Wellington, Hans David Ludwig Graf York von Wartenburg, Friedrich Heinrich Ferdinand Emil Graf Kleist von Nollendorf, August Wilhelm Anton Neidhard Graf v. Gneisenau, Hans Wieprecht Franz Ernst Karl Graf v. Zieten, Friedrich Karl Ferdinand Frhr. v. Müffling gen. Weiß, Herrmann Leopold Ludwig v. Boyen, Karl Friedrich Baron von dem Knesebeck, Iwan Feodorowitsch Graf Paskewitsch von Erivan Fürst von Warschau, Karl Friedrich Emil Burggraf und Graf zu Dohna-Schlobitten, Friedrich Heinrich Ernst Graf v. Wrangel.

E. Kommandeurhaus, mit der Wohnung für den Hauskommandeur im ersten Stock, der Wohnung für den Adjutanten, den Büreaus, der Registratur, Kasse ꝛc. Auf dem zugehörigen Hofe befinden sich Stallung für 6 Pferde und 2 Remisen.

F. Beamten-Wohnhaus, enthaltend Wohnungen für vier Professoren und zwei Wärter.

G I und II. Turnhallen.

H I, II, III. Latrinenräume.

J I. Lazareth-Verwaltungsgebäude mit Wohnungen für drei Aerzte, den Lazarethinspektor und drei Wärter, Räumen für die Dispensiranstalt, Geschäftszimmer ꝛc.

J II. Massiver Krankenblock mit 3 Sälen und 12 Zimmern zusammen für 57 Betten, ein Saal für Rekonvaleszenten, Badezimmer ꝛc.

J III. Isolirbaracke. Enthält 2 Säle und 2 Zimmer für zusammen 20 Betten, einen Raum für Rekonvaleszenten, eine offene Halle, Wärterzimmer, Badezimmer ꝛc.

J IV. Leichenhalle.

K. Wasch- und Bade-Anstalt mit einem gemeinschaftlichen Douchebad, 7 Wannenbädern, Wohnung für einen Hausinspektor, einem Kesselraum für zwei Dampfkessel, einer Dampfwaschanstalt, Maschinenhaus, Trockenboden ꝛc.

L. Reitbahn und Pferdestall. Enthält eine bedeckte Reitbahn (496 Qm), Stallung für 60 Pferde, Wohnungen für Futter- und Sattlermeister, Kavallerie-Ordonnanzen, Hautboisten ꝛc.

M. Remise. M I. Schmiede.

N. Schlachthaus und Viehstall.

N I. Schweine- und Geflügelstall.

O. Portierhaus, auch 2 Wohnungen für Handwerker enthaltend.

P. Umfriedigungsmauer.

Q. Verbindungshallen.

X. Lehrerwohnhaus, Wohnungen für 6 Lehrer enthaltend.

Y. Eiskonservirungshaus.

Z. Löwendenkmal aus Flensburg, welches nach der für die Dänen siegreichen Schlacht bei Idstedt errichtet, im Jahre 1864 nach dem Hofe des Berliner Zeughauses übergeführt und demnächst der Haupt-Kadettenanstalt überwiesen wurde.

Die Entwässerung des Anstaltsterrains erfolgt nach einem unweit des Teltower-Sees gelegenen Rieselfelde, wohin die Massen aus zwei unweit der Wasch- und Badeanstalt gelegenen Reservoirs vermittelst eines eisernen Druckrohrs durch einen Gasmotor gedrückt werden.

Wenn einerseits, wie wir gesehen haben, den Gotteshäusern und dem Festraume der Anstalt, dem Feldmarschallsaale, eine der Bedeutung dieser Lokalitäten entsprechende reichere Ausstattung zutheil geworden ist, so ist bezüglich aller anderen Räume, insbesondere der von Kabetten bewohnten, bei einer soliden, dem Wohlbefinden der jungen Leute förderlichen Herstellung doch das Prinzip großer Einfachheit maßgebend gewesen, wie solches dem Karakter einer militärischen Erziehungsanstalt entspricht.

en Vorschreiten begriffen war, wurden von
 Könige wichtige organisatorische Be=
ps erlassen, welche in Verbindung mit den
r Anstalt durch das Etatsgesetz für das
die Entwickelung des Kadettenkorps für
abgeschlossen erscheinen lassen. — Es ist
n 18. Januar 1877, welche für das
ung ist.*) — Allseitig wurden namentlich

erhöchsten Bestimmung lassen wir dieselbe hier im

bestimme Ich bezüglich der Organisation und des

rps ist mit dem Lehrplan der Realschule erster
jen. — Abweichungen dürfen nur insoweit erfolgen,
n des Instituts und die Interessen der Armee für
uch hierbei ist jedoch thunlichst auf Uebereinstimmung
Klassen Bedacht zu nehmen.
bis Prima des Kadettenkorps werden den Klassen
erster Ordnung gleichgestellt und erhalten die ent=

ten wird eine Klasse mit dem Lehrplan der Sexta
ese Klasse jedoch nicht mehr als 120 Knaben auf=
nstalt wird eine Unter- und Oberprima mit dem
:ster Ordnung errichtet.
iejenigen Kadetten, welche das 17. Lebensjahr vor
enden, die Obersekunda zur Zufriedenheit absolvirt
erforderliche körperliche Entwickelung besitzen, zur

) bestehen, werden zur Versetzung in die Armee als
gen, oder behufs unmittelbarer Vorbereitung zur
ierfür gegenwärtig bestehenden Grundsätze in die

ach Absolvirung der Obersekunda das unter 4 vor=
vorausgesetzte körperliche Entwickelung noch nicht
des Kadettenkorps versetzt.
ührung sind nach Absolvirung der Obersekunda auf
die Unterprima aufzunehmen, wenn sie das unter 4
be körperliche Entwickelung bereits erreicht haben. —
in diesem Fall zunächst nicht zuzulassen.
ie Unterprima mit Erfolg absolvirt haben, sind je
weder zur Portepeefähnrichs-Prüfung zuzulassen und
ussfall der Prüfung und nach ihrer Gesammtführung
itirte oder karakterisirte Portepeefähnriche oder zur

die Bestimmungen mit großer Freude begrüßt, wonach der Lehrplan des Kadettenkorps mit demjenigen der Realschule I. Ordnung in Uebereinstimmung zu bringen ist. Denn wenn einerseits für den ins praktische Leben tretenden Militär die geistige Bildung, wie solche auf der Realschule erworben wird, besonders zweckentsprechend erscheinen mußte, so stand auch andererseits bei einem Institut, dessen Aufgabe die Heranbildung von Führern für unser Heer ist, nicht zu befürchten, daß die Pflege des Idealen in den Hintergrund treten möchte. — Als ein wesentlicher Fortschritt wurde es ferner angesehen, daß den Kadetten künftighin die Möglichkeit geboten ist, die Abiturientenprüfung in dem Institut zu absolviren.

Durch das Etatsgesetz pro 1878/79 wurden die Mittel zur Durchführung jener Reorganisation gewährt, die Lehrerbesoldungen denjenigen an den Realschulen I. Ordnung entsprechend erhöht, ein einheitlicher Lehreretat für die Institute des Kadettenkorps insgesammt festgestellt, und die Stellen der Zivillehrer um 9 vermehrt. Der Etat der Haupt-Kadettenanstalt wurde von 800 auf 880 Zöglinge erhöht,*) auch wurden aus den Ersparnissen der französischen Verpflegungsgelder die Mittel bewilligt, um 135 Pensionärstellen in ebensoviel Freistellen umzuwandeln. — Nach den Etats der Voranstalten können in dem Kadettenhause zu Kulm 180 Zöglinge Aufnahme finden, in Potsdam 240,

Versetzung in die Selekta des Kadettenkorps vorzuschlagen, oder behufs demnächstiger Zulassung zur Abiturientenprüfung in die Oberprima zu versetzen.

9. Diejenigen Oberprimaner, welche sich nach ihrem Gesammtverhalten hierzu eignen, sind zu Portepee-Unteroffizieren zu ernennen. — Unterprimaner sind unter gleicher Voraussetzung zu Unteroffizieren, die unter 7 bezeichneten Unterprimaner ausnahmsweise auch zu Portepee-Unteroffizieren zu befördern. — Primaner sind den Selektanern im Korps nicht unterzuordnen. — Neben der wissenschaftlichen ist auch ihre militärische Ausbildung thunlichst zu fördern.

10. Bei Zulassung eines Kadetten zur Prima soll den Angehörigen desselben, im Falle der Bedürftigkeit, vorzugsweise Berücksichtigung bezüglich der Pensionszahlung, sowie bezüglich der Gewährung von Equipirungsbeihülfen zutheil werden.

11. Diejenigen Kadetten, welche nach Absolvirung der Oberprima das Abiturientenexamen bestehen, sind zur Versetzung in die Armee als wirkliche Portepeefähnriche unter gleichzeitiger Ueberweisung an eine Kriegsschule in Vorschlag zu bringen. Wenn sie demnächst die Offizierprüfung mindestens mit dem Prädikat "gut" bestehen, so sollen sie bei ihrer Beförderung zum Sekondlieutenant ein Patent vom Tage der Versetzung in die Armee erhalten.

12. Die durch Vorstehendes bedingten Aenderungen in der Organisation und im Lehrplan des Kadettenkorps sind allmälig nach Maßgabe der durch den Etat bereit zu stellenden Mittel und verfügbaren Räumlichkeiten durchzuführen.

Berlin, den 18. Januar 1877.

gez. Wilhelm.
v. Kameke.

*) Durch den Etat pro 1872 waren bereits die Mittel zur Formirung einer 8. Kompagnie bewilligt und dadurch die Etatsstärke des Berliner Hauses auf 800 Köpfe erhöht worden.

in Wahlſtatt 220, in Bensberg 220, in Ploen 140 und in Oranienſtein 200, ſo daß die Geſammtzahl der Kadetten bei voller Belegung der Anſtalten 2088 beträgt. — Die 8 Kompagnien des Hauptinſtituts ſind in 2, je von einem Bataillonskommandeur befehligten, Bataillone formirt worden. Auch hat Allerhöchſter Beſtimmung zufolge das Inſtitut fortan die Bezeichnung „Haupt=Kadettenanſtalt" zu führen. — Für einen katholiſchen Anſtaltsgeiſtlichen wurde das Gehalt bewilligt, auch die Kommandirung von 2 Offizieren als Reitlehrer und 36 Pferden mit den nöthigen Ordonnanzen durch die Kavallerieregimenter des Garde= und des 3. Armeekorps befohlen. — Eine Schwimm= und Badeanſtalt wird im Teltower See erbaut, ebenſo werden beſondere Schießſtände für die Kadetten hergerichtet.

So iſt denn nach beſtem menſchlichen Wiſſen Vorſorge getroffen, welche auf ein weiteres Gedeihen des Kadettenkorps hoffen läßt.

Möchte die veränderte Organiſation ein neues Aufblühen der Anſtalt im Gefolge haben! — Möchte auch in den neuen Räumen der Geiſt fortwalten, den das Kadettenkorps bisher ſtets gepflegt und der unſer Heer zum rocher de bronce für den Thron unſeres erhabenen Herrſcherhauſes und für unſer theures Vaterland hat werden laſſen.

Das walte Gott! —

Die

Königliche Central-Turn-Anstalt

zu

Berlin.

~~~~~~

Unter Benutzung des dem Militair-Wochenblatt pro 1861 als Beiheft beigefügten Aufsatzes des Majors Rothstein neu bearbeitet

von

Stocken,

Major à la suite des 2. Hannov. Inf.-Regts. Nr. 77 und Unterrichts-Dirigent der Central-Turn-Anstalt.

Mit einer Tafel Abbildungen.

Berlin, 1869.

Ernst Siegfried Mittler und Sohn,
Königliche Hofbuchhandlung.
Kochstraße Nr. 69.

Berlin, Druck von E. S. Mittler und Sohn, Wilhelmstraße 122.

I.
Entstehung und Gründung des Instituts.

Als Ausgangspunkt für die Entstehung des Instituts muß die Allerhöchste Kabinets-Ordre vom 6. Juni 1842 angenommen werden, welche zur Zeit ihrer Veröffentlichung nicht nur in Preußen, sondern in ganz Deutschland großes Aufsehen machte und überall mit Freude begrüßt wurde. Durch diese Kabinets-Ordre, die auf einen von dem Kriegsministerium und dem Unterrichtsministerium gemeinschaftlich Seiner Majestät dem Könige vorgelegten Bericht erfolgte, wurde die Gymnastik als ein unentbehrlicher Theil des gesammten Civil- und Militair-Bildungswesens öffentlich anerkannt, und demgemäß verordnet, sie in dasselbe überall aufzunehmen. Es wurde aber in dieser Kabinets-Ordre ausdrücklich hervorgehoben und geboten, daß man für die Anwendung und den Betrieb der gymnastischen Uebungen das Prinzip der „Einfachheit" festzuhalten und von demselben alles fern zu halten habe, „was die physischen und moralischen Nachtheile des früheren Turnwesens herbeiführte."

Um nun, dieser Weisung gemäß, die näheren organisatorischen Anordnungen zur Einführung der Gymnastik in das öffentliche Erziehungs- und Bildungswesen zu veranlassen, konnte nicht füglich das frühere, 1819 beseitigte Turnen wieder aufgenommen werden. Aber auch das, was mittlerweile rücksichtlich der gymnastischen Uebungen hier und da in einzelnen Schulen, Privatanstalten 2c., sowie in einigen deutschen Armeen geschehen und eingeführt war, entsprach nicht der in jener Kabinets-Ordre angedeuteten Absicht Seiner Majestät des Königs; wenigstens fand es der damalige in Sachen der Gymnastik sehr kundige Kriegsminister, nachmalige Feldmarschall v. Boyen nicht befriedigend und unseren Preußischen Verhältnissen nicht recht entsprechend. Er fand sich daher bewogen, Allerhöchsten Orts die Genehmigung zu erwirken, daß zwei für den Auftrag geeignete Offiziere nach Stockholm gesandt würden, die auf dem dortigen, seit 1814 bestehenden Königlichen gymnastischen Central-Institut das von dem Professor P. H. Ling gegründete rationelle

System der Gymnastik theoretisch und praktisch genau kennen lernen sollten, um dasselbe demnächst, so weit es sich auf die Erziehung und gymnastische Ausbildung junger Leute, insbesondere des Soldaten bezieht, in unserer Armee und deren Bildungs-Anstalten einzuführen.

Obwohl der Allerhöchste Befehl zu dieser Sendung bald erfolgte, so wurde letztere doch durch verschiedene Umstände verzögert und konnte erst im Sommer 1845 unternommen werden. — Die zwei mit der Sendung beauftragten Offiziere benutzten ihre Landreise durch Schweden, sowie einige vor Beginn des eigentlichen Unterrichtskursus von Stockholm aus unternommene Exkursionen dazu, sich über den Stand der Gymnastik in Civil- und Militair-Bildungs-Anstalten und bei verschiedenen Truppentheilen der Schwedischen Armee zu unterrichten, und nahmen sodann an dem mit Oktober beginnenden Kursus des Central-Instituts Theil, welches die Aufgabe hat, die Gymnastik in allen ihren Zweigen zu pflegen, insbesondere aber Lehrer der Gymnastik für die Armee und für alle öffentlichen Bildungsanstalten auszubilden.

Nachdem die erwähnten Offiziere sich fast 10 Monate in Stockholm aufgehalten, den Lehrkursus daselbst vollständig absolvirt und der Schlußprüfung beigewohnt hatten, nahmen sie ihren Rückweg über Kopenhagen, wo sie noch beinahe 3 Monate verblieben, um zufolge einer nachträglich an sie ergangenen Anweisung auch auf dem dortigen, schon seit 1806 für die Gymnastik bestehenden Königlichen Central-Institute die Betriebsweise der Fecht- und Leibesübungen kennen zu lernen. — Es sei hier beiläufig bemerkt, daß, wenn zwar allerdings der Gedanke, die Gymnastik wieder aufzunehmen und dem Erziehungswesen einzuverleiben, schon am Ende des vorigen Jahrhunderts in verschiedenen Ländern, und so auch in Deutschland, angeregt worden und an einzelnen Orten wirklich zur Ausführung gekommen war, doch Dänemark und Schweden diejenigen beiden Länder sind, wo dies zuerst im Großen und Ganzen und von Staatswegen geschah, und wo man dabei von der sehr richtigen Ansicht ausging, daß, wenn die Sache in sich gedeihen und für das öffentliche civile und militairische Erziehungswesen wahrhaft ersprießlich werden solle, vor allem Andern erst ein Institut vorhanden sein müsse, in welchem sachkundige, tüchtige und in jeder Beziehung zuverlässige Lehrer der Gymnastik ausgebildet würden. — Im Juni 1846 kehrten die beiden Offiziere nach Berlin zurück und statteten demnächst einen auf Grund des genossenen Unterrichts und nach ihren sonst noch gemachten Wahrnehmungen, sowie nach authentischen Quellen bearbeiteten ausführlichen Bericht ab, in Folge dessen unter dem Vorsitz des damaligen Direktors des Allgemeinen Kriegsdepartements, Generals v. Reyher, und unter Betheiligung der beiden Offiziere wiederholte Berathungen stattfanden. — Das Ergebniß derselben war der Beschluß, daß, bevor betreffs der Gymnastik etwas Weiteres für die Armee und deren Bildungs-Anstalten geschehe, nach dem Vorgange Dänemarks und Schwedens, auch in Preußen zunächst ein Central-Institut gegründet werden und in Wirksamkeit treten solle, auf welchem die gymnastischen Lehrer unter Zugrundelegung des in Schweden befolgten Systems theoretisch und praktisch ausgebildet würden.

Dieser Beschluß nebst den Grundzügen für die Organisation des Central-Instituts wurde am Schluß des Jahres Sr. Majestät dem Könige vorgelegt und erhielt im Anfang des Jahres 1847 die Allerhöchste Bestätigung. Hiermit war die Anstalt gegründet, zuvörderst als „Central-Institut für den gymnastischen Unterricht in der Armee." Die Direktion wurde dem damaligen Oberstlieutenant v. Griesheim, welcher die Angelegenheit im Ministerium vorzugsweise bearbeitet hatte und eine gründliche Einsicht in das Wesen der Sache besaß, übertragen.

Sowohl wegen der weiteren Einleitungen (Ermittelung eines Unterrichtslokals, Beschaffung der Unterrichtsmittel 2c.), als auch weil es aus sachlichen und allgemeinen Dienst-Rücksichten im Plane lag, den Lehrkursus nicht mit auf die drei Sommermonate fallen zu lassen, blieb die Eröffnung des ersten Kursus bis zum 1. Oktober 1847 ausgesetzt.

Mit diesem Termine begann denn auch wirklich der Unterricht, zu welchem 18 Offiziere, nämlich zwei von jedem Armeekorps, als Eleven kommandirt waren. Der praktische Unterricht fand vorläufig in einem in der Blumenstraße gelegenen Privatlokal statt, der theoretische dagegen in einem Hörsaale des medizinisch-chirurgischen Friedrich Wilhelms-Instituts in der Friedrichstraße. — Das Uebungslokal war leider ein äußerst beschränktes und dem Zwecke des Unterrichts wenig entsprechendes, während die Trennung des gesammten Unterrichts in zwei sehr weit von einander gelegenen Lokalen noch überdies manche Uebelstände mit sich brachte. Indeß konnte man sich mit der Aussicht trösten, daß zum nächsten Kursus ein eigenes, für das Institut zu errichtendes Königliches Gebäude zu verwenden sein werde.

Ungeachtet der sehr erschwerenden Lokalverhältnisse nahm doch der Unterricht einen ziemlich guten Fortgang. Der Kursus wurde jedoch, ohne zum Abschluß gekommen zu sein, durch die im Monat März eingetretenen Ereignisse abgebrochen. Das Institut blieb indessen als solches bestehen, um sogleich nach wiederhergestellter Ruhe und Ordnung seine Wirksamkeit wieder aufzunehmen, und zwar wo möglich sogleich in dem dafür zu errichtenden Königlichen Gebäude. Der eine von den zwei nach Schweden kommandirt gewesenen Offizieren trat zu einer anderen Dienststellung über; der andere dagegen, nämlich der nachmals zum Unterrichts-Dirigenten ernannte, inzwischen verstorbene Major Rothstein, wurde für die weitere Bearbeitung der gymnastischen Angelegenheiten dem Kriegsministerium attachirt.

Wegen der herrschenden Zeitverhältnisse war es unmöglich, das Institut innerhalb der nächsten drei Jahre wieder in Wirksamkeit treten zu lassen; indeß blieb die Zwischenzeit doch nicht unbenutzt für dasselbe. Im Laufe des

Jahres 1849 nämlich wurden die Baupläne und Kostenanschläge für das zu erbauende Institutsgebäude ausgearbeitet und erhielten gegen Ende desselben Jahres die höhere Genehmigung. Im Februar 1850 wurden die einleitenden Schritte zur Herbeischaffung der Baumaterialien gethan und am 21. April begannen die Maurer die **Fundamentlegung des Gebäudes**. Der Bau wurde bis zum Spätherbst vollständig beendigt, so daß im November und Dezember auch schon die größeren, feststehenden Uebungsgerüste in dem Rüstsaale angebracht und demnächst überhaupt die innere Ausstattung mit Uebungsapparaten, Utensilien ꝛc. vorgenommen werden konnte. Im Frühjahr 1851 wurden endlich auf dem großen, zum Grundstück gehörigen freien Platze verschiedene Uebungs- und Garten-Anlagen hergerichtet, und somit war Alles bereit für die Eröffnung des Lehrkursus, der am 1. Oktober beginnen sollte.

Ehe in eine nähere Beschreibung der lokalen Einrichtung ꝛc. eingegangen werden kann, muß hier noch Folgendes vorangeschickt werden.

Bis zum Jahre 1848 hatten die Maßnahmen, welche betreffs der Gymnastik für das **Civil-Erziehungswesen** Seitens des Unterrichtsministeriums getroffen worden waren, nichts Gemeinsames mit den vom Kriegsministerium angeordneten. Dieses Verhältniß, welches in Beziehung auf die Sache nicht eben als ein entsprechendes angesehen werden konnte, wurde jedoch seit dem erwähnten Jahre ein anderes. Der damalige Unterrichtsminister fand sich nämlich zur Förderung der Angelegenheit veranlaßt, zum 16. Mai desselben Jahres eine größere Konferenz anzuordnen, an welcher sich unter seinem eigenen Vorsitz nicht nur die Räthe des Ministeriums betheiligten, sondern zu welcher auch Offiziere, Schuldirektoren, Turnlehrer und andere Sachkundige eingeladen und erschienen waren. — Die weitere Folge der langen Berathung dieser Konferenz, bei welcher die verschiedensten Ansichten zur Aeußerung und Besprechung kamen, war die, daß das Unterrichtsministerium sich entschloß, für das unter seinem Ressort stehende Erziehungswesen betreffs der Gymnastik sich den Anordnungen des Kriegsministeriums anzuschließen, insbesondere auch die bei den Gymnasien, Seminarien und anderen öffentlichen Bildungs-Anstalten für die Leitung der gymnastischen Uebungen anzustellenden Lehrer auf dem anfänglich nur für die Armee gegründeten Central-Institut ausbilden zu lassen. Es fanden zwischen den beiden Ministerien vielfache Verhandlungen statt, in Folge deren schließlich das Institut die neue, gegenwärtig bestehende Organisation erhielt und unter das Ressort beider Ministerien gestellt wurde, so jedoch, daß rücksichtlich des Kostenetats, wie überhaupt in rein administrativer Hinsicht das Institut lediglich unter dem Ressort des Kriegsministeriums verblieb. — Es war dies bereits im Jahre 1849 zur Entscheidung gelangt, so daß bei dem Bau und der technischen Ausrüstung des Institutsgebäudes auf die erweiterte Bestimmung Rücksicht genommen werden konnte.

II.

Lage, lokale Einrichtung und technische Ausrüstung.

Das Institutsgebäude liegt vor dem neuen Thore in der Scharnhorststraße. Seine Lage ist zwar vom Mittelpunkte der Stadt ziemlich entlegen, im Uebrigen aber eine an sich sehr vortheilhafte und dem Unterrichtsbetrieb durchaus angemessene. Das umzäunte, mit seiner breiten Seite nach der Straße gerichtete Grundstück hält 4 Morgen Fläche und ist 100 Schritt breit, 165 Schritt lang. Die Westseite folgt der Straßenflucht, von welcher jedoch das Gebäude selbst um etwa 30 Fuß zurückliegt. An der entgegengesetzten östlichen Seite fließt außerhalb der Umzäunung die 12 Fuß breite Panke, jenseits welcher der Artillerie-Exerzirplatz liegt. Nach Süden grenzt der große Park des Invalidenhauses und nach Norden Privatgärten an das Grundstück, längs dessen Umzäunung Baum- und Busch-Anlagen sich hinziehen.

Das Institutsgebäude selbst bestand ursprünglich aus einem 133 Fuß langen und 75 Fuß tiefen Bauwerk von 25 Fuß Mauerhöhe. Dasselbe umfaßte in seinen unteren Räumen den gedielten Rüstsaal (70 Fuß lang, 45 Fuß breit), den Fechtsaal (60 Fuß lang, 30 Fuß breit) mit Asphalt-Fußboden, zwei Erholungszimmer, ein kleines Ordonnanzzimmer und außer den vorderen und hinteren Haus- und Treppenfluren noch die Dienstwohnung des Portiers. — In den oberen Räumen befand sich ein Vortragsaal, ein Bibliothekzimmer und die Dienstwohnung des Dirigenten.

In Folge der im Laufe der Jahre erheblich gesteigerten Frequenz der Anstalt reichten jedoch diese Räume schließlich nicht mehr aus und es wurde ein Erweiterungsbau nöthig, welcher im Jahre 1862 begonnen, am 1. Oktober 1863 mit dem Beginn des neuen Winterkursus zur Benutzung fertig war. In diesem Anbau befindet sich im Erdgeschoß ein namentlich für Civil-Turnzwecke hergerichteter zweiter Rüstsaal (52 Fuß lang, 40 Fuß breit), und im oberen Stock ein geräumiger Vortragsaal (39 Fuß lang, 25 Fuß breit), sowie das Civil-Erholungszimmer und die Dienstwohnung des Hausdieners. Der bisherige Vortragsaal und das Bibliothekzimmer wurden zur Dienstwohnung des Dirigenten geschlagen, wogegen derselbe ein neben dem Fechtsaal gelegenes Zimmer abtrat, welches seitdem als Büreau dient und die Bibliothek enthält. Die beiden alten Erholungszimmer wurden endlich durch Wegnahme der Verbindungswand in eins umgewandelt, und dieses sowohl, wie ein im Sommer 1867 an den alten, sogenannten großen Rüstsaal neuangebautes drittes Erholungszimmer den Militair-Eleven überwiesen.

In dem Fechtsaal werden fast ausschließlich nur Fecht-Uebungen betrieben, zu welchen Zwecken bei der jetzigen großen Elevenzahl des Instituts auch der im Neubau belegene zweite, sogenannte kleine Rüstsaal mitbenutzt werden muß, wenngleich er sich seiner ungünstigen Akustik wegen nicht sehr dazu eignet. Die zu den Fecht-Uebungen erforderlichen Waffen und sonstigen Apparate befinden sich theils in verschließbaren Schränken, theils sind sie in den Sälen geordnet aufgehängt oder aufgestellt. — Die übrigen gymnastischen Uebungen, insbesondere die Rüstübungen, werden in den beiden Rüstsälen vorgenommen. Bei der Ausstattung derselben hat man sich, der in der Kabinets-Ordre vom Jahre 1842 ausgesprochenen Forderung gemäß, wie auch den damit übereinstimmenden Prinzipien der rationellen Gymnastik entsprechend, an den Grundsatz der Einfachheit gehalten; denn die Einfachheit im Betrieb steht in unmittelbarem Zusammenhang mit der technischen Ausrüstung des Uebungsplatzes.

Da nämlich für die Arten und Formen der Rüstübungen nicht, wie bei den ohne alle technische Apparate ausgeführten Freiübungen, der Bau und Mechanismus des menschlichen Körpers allein, sondern ebenso auch die Art und Einrichtung der zu benutzenden Gerüste 2c. bedingend ist, so kommt es, daß vorzüglich die Rüstübungen es sind, bei welchen in Folge einer nicht rationellen Auffassung der Gymnastik die Vervielfältigung der Uebungsarten und Bewegungsformen auch mit der Vervielfältigung der Gerüste 2c. wächst und bis in die leere Endlosigkeit hinein fortgesponnen wird, und daß hiermit eine Uebertreibung in den Uebungen entsteht, vor welcher schon die griechischen Weisen ihre Zeitgenossen warnten. — Abgesehen von den Fechtübungen, zu deren Ausführung natürlich Waffen und Apparate unentbehrlich sind, kann der unmittelbare und hauptsächliche Zweck der Gymnastik durch die Freiübungen, sobald man dieselben auf die rechte Weise und in gehöriger Vollständigkeit betreibt, allein schon erreicht werden. Indeß giebt es doch gewisse allgemeine körperliche Fertigkeiten, deren Aneignung Jedermann höchst wichtig, dem Soldaten geradezu nothwendig ist. Hierhin gehören die Uebungen des Gehens und Laufens auf verschiedenen Grundflächen (z. B. auf schrägen Ebenen, auf schmalen, festen oder schwankenden Flächen 2c.), das Springen über Hindernisse, oder nach der Höhe, oder von der Höhe, das Empor- oder Hinüberschwingen an festen Gegenständen und die mannichfachen Arten des Steigens, Kletterns, Klimmens.

Zu diesen für die allgemeine Lebenspraxis und für die Kriegspraxis des Soldaten wirklich nöthigen Uebungen müssen nun allerdings auf einem vollständig ausgerüsteten Uebungsplatz die erforderlichen Gerüste 2c. vorhanden sein; dagegen sind alle überflüssigen oder gar zu schädlichen Uebungen verführenden Apparate, wie man sie selbst heute noch auf Turnplätzen und in Turn-Anstalten antrifft, gänzlich auszuschließen. — Diesem Grundsatz entsprechend befinden sich in dem großen Rüstsaale der Anstalt: ein langer, höher oder niedriger, fest oder schwankend, wagerecht oder schräg zu legender Balancirbaum, zwei Balancirpfosten, zwei Querbaumgerüste mit Sproſſenſtändern, ein Steige- und Klettergerüſt mit Kletter-Tauen und Stangen, mit Kletter- und Steige-Maſten, mit einer pendelnden Doppelleiter, einer Strickleiter und einer gewöhnlichen einfachen Leiter und Steigebohle; ferner ein großes Schwungtau, ſowie verſchiedene Sprunggeſtelle (Schnur- und Tiefſprunggeſtelle, Sprungtreppe, Sprungkaſten, Sprungböcke ꝛc.), drei Voltigirböcke und eine Steigewand; in dem kleinen Rüſtſaale: zwei Gerüſte mit Sproſſenſtändern und einer Vorrichtung zum Einlegen von Reckſtangen, reſp. Einhaken von Kletterſtangen, Klettertauen und Schaukelringen, zwei Barren, zwei wagerechte Leitern und zwei Schwebebalken. Außerdem ſind auch noch manche kleine Handgeräthe (Sprungſtäbe, Hanteln, Handſeile, Bälle, Keulen ꝛc.) vorhanden zum Betrieb von Geräthübungen.

Als zur Ausrüſtung der Anſtalt gehörig, muß auch die Bibliothek erwähnt werden. Sie enthält Bücher über Gymnaſtik, Fechten, Turnen; anatomiſche und phyſiologiſche Werke, ſowie militairiſche und pädagogiſche Schriften; auch befinden ſich hier und werden zu den Vorträgen ausgegeben: drei menſchliche Skelette und einzelne Skelettheile, ſowie mehrere lebensgroße anatomiſche Abbildungen des menſchlichen Körpers ꝛc.

Wie ſchon oben erwähnt, iſt auch der hinter dem Gebäude liegende offene Platz zu Uebungsanlagen eingerichtet. Dicht längs der Hinterfront des Fechtſaals befindet ſich zunächſt ein etwa 20 Fuß breiter Raum, an den ſich unmittelbar ein hufeiſenförmiger, etwa 70 Schritt langer und 45 Schritt breiter Uebungsplatz anſchließt, den eine Reihe von Lindenbäumen umgiebt. Längs der hufeiſenförmigen Umfangslinie dieſes Platzes zieht ſich (vergleiche die Grundrißzeichnung auf der Figurentafel) eine 18 Fuß breite Laufbahn mit Hinderniſſen (DEF) hin, und demnächſt eine ebenfalls 18 Fuß breite zu den Schnell- und Dauerlaufübungen dienende freie Laufbahn (ABC). Die freie Laufbahn hält in ihrer Länge von A über B bis C genau 220 Wegeſchritt und alſo faſt genau die Länge eines olympiſchen Stadions. Ringsherum von A über B und C bis A umfaßt dieſe Bahn 300 Wegeſchritt, ſo daß alſo im Dauerlauf bei einem 16maligen Umlauf nahe an eine halbe geographiſche Meile zurückgelegt wird.

Die erwähnte Hinderniſbahn (DEF) wird durch die Profilzeichnung auf der Figurentafel näher erläutert: a ein 6' breiter Graben zum Laufſprung; b eine 3' hohe, unten 4' breite Erdtraverſe zum Hochſprung; c ein 12' breiter Graben zum Weitſprung; d eine Traverſe mit Graben zum Tiefſprung; e eine 5' hohe Bretterwand zum Ueberſchwingen; f ein Eskaladirgerüſt; g ein 10' tiefer Graben mit 14' hoher Steigewand als Escarpe; h ein Glacis mit Banquet und Palliſadenreihe. Das Eskaladirgerüſt iſt auf der Figurentafel beſonders dargeſtellt; es enthält zwei Sproſsenſtänder k k, zwei Klettertaue l l, zwei ſchräge Kletterſtangen m m, einen Steigemaſt n, zwei Querbäume o o und eine glatte Bretterwand zum Herabſpringen mit Senkſprung, reſp. zum Erſteigen mit gegenſeitiger Hülfe.

III.
Organiſation.

Ueber die ſeit 1851 unter dem Reſſort der Königlichen Miniſterien des Krieges und der Unterrichts=Angelegenheiten ſtehende Central = Turn = Anſtalt führt zunächſt eine Direktion die Oberaufſicht. Dieſe Direktion beſteht zur Zeit aus dem Oberſt v. Karczewski, Abtheilungs=Chef im Kriegsminiſterium, und aus dem Geheimen Ober=Regierungs=Rath Stiehl, vortragendem Rath im Unterrichtsminiſterium, während die unmittelbare Leitung und Anordnung des Unterrichts, ſowie des geſammten Dienſtbetriebs dem Unterrichts= Dirigenten Major Stocken, à la suite des 2. Hannoverſchen Infanterie= Regiments Nr. 77, übertragen iſt.

Als Lehrer ſind etatsmäßig angeſtellt: ein Premier=Lieutenant als Militair=Lehrer für die Militair=Eleven, zwei Civillehrer für die Civil=Eleven und ein Ober=Stabs=Arzt für die anatomiſchen und phyſiologiſchen Vorträge ꝛc. bei beiden Klaſſen von Eleven. Außerdem wird alljährlich eine Anzahl von Offizieren und Civil=Eleven, welche ihren Kurſus mit gutem Erfolge durchgingen und die nöthige Qualifikation beſitzen, wiederholt einberufen, um für die Dauer des Unteroffizier= reſp. des nächſten Winter = Kurſus als Hülfslehrer zu fungiren.

Das Eleven=Perſonal, urſprünglich auf 18 Offiziere als Militair= Eleven und 18 dem Schulfach angehörige Männer als Civil = Eleven normirt, hat namentlich in den letzten Jahren eine weſentliche Vermehrung erfahren, was ſowohl für die Wirkſamkeit der Anſtalt, als auch für das der Gymnaſtik immermehr zugewandte Intereſſe und für den höheren Werth ſprechen dürfte, welcher neuerdings dieſem Unterrichtszweige beigelegt wird und ihm faktiſch gebührt. — So wurden vom Jahre 1860 ab 27 Offiziere, ſeit 1865 36 Offiziere und endlich ſeit 1867 54 Offiziere aller Waffengattungen, exkl. eines Kontingents von Großherzoglich Badiſchen Offizieren, als Eleven zur Anſtalt kommandirt, während zum Civilkurſus beiſpielsweiſe im Jahre 1863 17 Eleven, 1864 44 Eleven, 1865 54 Eleven, 1867 57 Eleven, exkl. einer Anzahl Hoſpitanten, zugelaſſen waren. Im zeitigen Kurſus beſteht das Eleven=Perſonal aus 57 Offizieren, nämlich:

vom Garde- bis inkl. 3. Armeekorps à 4 Offiz. = 16 Offiz. ⎫ von der In-
vom 4. bis inkl. 12. Armeekorps à 3 Offiz. = 27   „ ⎬ fant. u. Kav.
von den Jägern . . . . 2 „
von der Artillerie . . . . 5 „
von den Pionieren . . . . 2 „
vom Seebataillon . . . . 1 „
von der Großherzoglich Hess'schen Division . 2 „
von dem   „   Badischen Armeekorps 2 „
Summa 57 Offiziere

und aus 68 Civil-Eleven exkl. mehrerer Hospitanten.

Nächst den erwähnten Personen gehören seit 1858 zu den Eleven der Anstalt auch noch die im Frühjahrs-Kursus zu Lehrergehülfen auszubildenden Unteroffiziere, deren Anzahl zuerst 51 war, nachher auf 86 erhöht wurde, dann auf 100 stieg und seit 1868 auf 162, exkl. eines Unteroffiziers vom Seebataillon und eines alle drei Jahre zu kommandirenden Unteroffiziers der See-Artillerie-Abtheilung, festgestellt ist. Dieselben wurden anfänglich nur von den Infanterie-Regimentern und den Jäger- und Schützen-Bataillonen kommandirt, gegenwärtig aber von allen Waffengattungen.

Die Auswahl der zu kommandirenden Offiziere und Unteroffiziere darf sich bestimmungsmäßig nur auf solche richten, welche neben Geschick und Neigung für die gymnastischen Uebungen, Befähigung zur Instruktion besitzen, eine gesunde und kräftige Leibes-Konstitution haben und voraussichtlich auf längere Zeit als Lehrer resp. Lehrergehülfen beim Truppentheil mit Nutzen verwandt werden können. Auch gilt bei den Offizieren im Allgemeinen als Prinzip, daß dieselben während einer mindestens dreijährigen Dienstzeit als Offiziere sich mit allen Dienstzweigen vertraut gemacht haben. — Die einzuberufenden Civil-Eleven sollen vorzugsweise aus Gymnasial- und Seminar-Lehrern oder aus geeigneten Lehrern anderer öffentlichen Schulen bestehen. Die Bewerbung zur Theilnahme am Kursus ist, der Regel nach, unter Vermittelung der Provinzial-Schulkollegien oder der Bezirks-Regierungen, an das Ministerium der geistlichen 2c. Angelegenheiten zu richten, und wird nur gewährt, wenn der Bewerber gute Schul- und Führungs-Zeugnisse besitzt und auf Grund eines ärztlichen Attestes nachweist, daß er gesund und kräftig genug ist, um ohne Nachtheil für seinen Körper mit Erfolg den Kursus zu absolviren und später als Turnlehrer zu fungiren.

Die Zahl der Hülfslehrer ist natürlich mit der Elevenzahl gestiegen, so daß gegenwärtig außer den etatsmäßigen Lehrern militairischerseits im Winterkursus 1 Lehrer-Assistent und 7 Hülfslehrer, und im Frühjahrskursus 1 Lehrer-Assistent und 18 Hülfslehrer, von Seiten des Civils dagegen 5 Hülfslehrer am Institut beschäftigt sind. Auch ist neuerdings zur Unterstützung des früher erwähnten Oberstabsarztes, namentlich in seinen ärztlichen Funktionen, demselben ein Assistenzarzt beigegeben.

Die Anstalt wird nun aber außerdem noch während der Dauer des Kursus in den Nachmittagsstunden von anderen Schulen ꝛc.. benutzt. So erscheinen alljährlich die Oberfeuerwerkerschüler, ca. 120 Mann des Garde-Füsilier-Regiments, die Burschen der kommandirten Offiziere, sowie die Zöglinge des Schullehrer-Seminars und der Seminar-Uebungsschule in den Räumen des Instituts. Die mit diesen und auch wohl noch mit anderen Zöglingen des Joachimsthal'schen Gymnasiums und der Friedrichsstädtischen [Schu]le durchzunehmenden Uebungen dienen zugleich zum **applikatorischen** [Unter]richt für die eigentlichen Eleven der Anstalt, indem diese hier[bei die] Anleitung in der Unterweisung und dem Betriebe gymnastischer [Uebungen] erhalten.

[Noch] ist die **Kassen- und Verwaltungs-Kommission** zu erwähnen, [welche aus] dem Unterrichts-Dirigenten, dem Militairlehrer und dem Zahlmeister besteht. Die Kommission hat zu ihrer nächst höheren Instanz [die königli]che Intendantur des Gardekorps und weiterhin das Königliche Kriegs-Departement. Alle das Kassen- und Verwaltungswesen [der Anstalt] betreffenden Angelegenheiten sind an diese Kommission zu richten, [welche sich n]ur mit der Berechnung ꝛc. der Etatsgelder des Instituts, son[dern auch] mit der Auszahlung ꝛc. der durch die resp. Truppentheile an die [Anstalt gel]angenden Gehalts- und Verpflegungs-Kompetenzen der komman[dirten Offi]ziere, Unteroffiziere und Soldaten (Offizierburschen und Ordon[nanzen) zu] befassen hat.

[Zu de]m Unterpersonal gehören endlich der Portier und der Haus[wart; bei]den Posten durch versorgungsberechtigte Militair-Invaliden besetzt [werden; so]wie zwei militairische Ordonnanzen, welche alljährlich, und zwar für [die Zeit v]om 1. Oktober bis ult. Juni, aus dem Bereich des Garde- und [Gardekor]ps zur Anstalt zu kommandiren sind.

[Bevor a]uf die den Unterricht betreffenden **organisatorischen** [Anordnun]gen einzugehen, muß zunächst die Bestimmung des Instituts in [Betracht ko]mmen, nach welcher dasselbe nicht blos für die Armee und deren [Bildungs-A]nstalten, sondern auch für die Gymnasien, Seminarien und andere [Schulen, di]e mit der Leitung der gymnastischen Uebungen zu betrauenden Leh[rer heranb]ilden soll. Die Motive, welche die Regierung zu einer solchen [Erweiterung v]on des gymnastischen Unterrichts bewogen haben, liegen auf der [Hand. Es ist] ja schon längst, und gerade in der allerneuesten Zeit vielleicht [mehr, als] je, von allen Seiten anerkannt, daß die gymnastische Er[ziehung] der männlichen Jugend in der innigsten Beziehung zu dem [Militairw]ehrwesen steht und für dasselbe von der gewichtigsten Bedeu[tung ist]. Ueberall wo nun, wie bei uns in Preußen, die allgemeine [Wehrpflic]ht Staatsgesetz ist, muß die militairische Ausbildung, welche bei [Erfüll]ung jener Pflicht in dem wirklich präsenten Heere beabsichtigt und erlangt wird, unzweifelhaft als der Schlußstein der öffentlichen Erziehung der männlichen Jugend, ja als der Schlußstein der Volkserziehung überhaupt, soweit diese direkt durch Staats-Institutionen zu erwirken ist, angesehen werden, und in diesem Sinne hat ja auch allerseits, wenigstens bei uns in Preußen, die Armee im Frieden als eine Schule für das Mit dieser Schule muß in Einklang stehen die Schule, welche sende Jugend erzieht, und die Vermittelung dieses Einklangs wesentlich durch die Gymnastik bewirkt. — Folgt hieraus hung allerdings zunächst nur die Nothwendigkeit einer tüchtig derjenigen physischen, psychischen und moralischen Kräfte ur welche der vaterländische Heer- und Wehrdienst von der mä erheischt, und somit die Nothwendigkeit einer einheitlichen Auffe nastik, eines gleichen Systems derselben für die Armee und so ist doch klar, wie hieraus weiter auch die Nothwendigkeit Staat ein Institut besitze, welches jene Einheit in sich reprä außen hin vermittelt, und welches durch seine Organisation dem Staate eine Garantie für den soliden, den Heer- und A stützenden Betrieb der Gymnastik bietet.

Daß in der hier in Rede stehenden organisatorischen die Königliche Central-Turn-Anstalt, bei Festhaltung der el Auffassung der Gymnastik, doch keineswegs diejenigen Mome die gymnastische Erziehung der Schuljugend insbesondere zu men müssen, außer Betracht blieben, wird sich aus dem erge unten (sub IV) über den Unterricht gesagt ist. Für jetzt m werden, daß sowohl der eigentlich wissenschaftliche oder theore als auch der praktische jeder der beiden Klassen von Eleven gesondert von einander, durch ihre resp. Lehrer ertheilt wird ment, welches sich sogar soweit erstreckt, daß beim applikator für die Militair-Eleven die Truppentheile und Militairbildung die Civil-Eleven die Civilbildungs-Anstalten das nöthige Sch Disposition zu stellen haben.

Bis zum Jahre 1858 war die Dauer des für die Mil Eleven bestimmten Haupt-Kursus auf 9 Monate (vom 1. S Juni) festgesetzt; seitdem wurde dieselbe aber auf 6 Mo jedoch ein 3monatlicher Frühjahrs-Kursus für Unter telbar angeschlossen. — Militairischerseits hatte sich nämlich rascheren und doch gesicherten Förderung der Gymnastik in Bedürfniß herausgestellt, daß neben den auf dem Institut zu gebildeten Offizieren ebenfalls daselbst eine größere Anzahl vo zu Lehrergehülfen herangebildet würden, und den ersteren Gelegenheit zu einem ausgedehnteren applikatorischen Unter werde. Um diese Einrichtung mit möglichster Kosten-Erspar zu können und in Erwägung noch anderer Gründe trat jene Verkürzung des Haupt-Kursus ein, die jedoch nur für diejenigen Militair-Eleven in Rechnung kommt, welche nicht als Hülfslehrer für den Unteroffizier-Kursus bei der Anstalt zurückbleiben. — Aber auch in Beziehung auf die Civil-Eleven war diese Maßregel eine wünschenswerthe, indem bei der 9monatlichen Dauer des Kursus sich in der Regel der Uebelstand fühlbar machte, daß die Eleven in ihr Amt zu einem Zeitpunkt wieder eintraten, in welchem der Schulunterricht des Sommersemesters bereits drei Monate im Gange war und bald darauf die großen Sommerferien begannen, wodurch die Amtsthätigkeit für jene Lehrer in der Schule sehr beschränkt und gestört war. Dazu kam, daß, wenn jene zu gymnastischen Lehrern ausgebildeten Eleven erst im Juli zu ihren Schulen zurückkehrten und dort für einen wohlgeordneten Betrieb der gymnastischen Uebungen wirken sollten, auch diese Uebungen bereits in irgend einer Weise in vollem Gange waren und so eine wesentliche, den Betrieb fördernde und bessernde Abänderung in den schon getroffenen Anordnungen 2c. kaum möglich war. Außerdem mußte es stets für alle diejenigen Civil-Eleven, welche bereits als Lehrer angestellt waren, ein sehr erheblicher Unterschied sein, ob sie wegen Theilnahme am Kursus der Central-Turn-Anstalt ihr Amt auf 9, oder nur auf 6 mit dem Ostertermin abschließende Monate zu verlassen und für einen geeigneten, den Schulbehörden genügenden Stellvertreter zu sorgen hatten.

So gewichtig diese Gründe und Verhältnisse für die Bestimmung der Kursusdauer erscheinen mußten, so ist doch eine Beschränkung der letzteren, die schon 1856 angeregt wurde, Seitens der Direktion erst nach wiederholten Berathungen im Jahre 1857 in Vorschlag gebracht und höheren Orts genehmigt worden. — Es mußte vor Allem die Frage erörtert werden, ob es möglich sei, die auf dem Institut zu erwirkende Lehrer-Ausbildung ohne wesentliche Beeinträchtigung auch in einem nur 6monatlichen Kursus erzielen zu können.

Stellt man die Frage nach der erforderlichen Dauer eines derartigen Kursus ganz allgemein und ohne Rücksicht auf andere bedingende Verhältnisse, so würde allerdings mit Entschiedenheit zu sagen sein, daß zur Ausbildung eines Lehrers, der die Gymnastik in allen ihren Zweigen gründlich versteht und mit Sicherheit zu vertreten und in Praxis zu leiten im Stande ist, weder ein 6monatlicher, noch ein 9monatlicher Lehrkursus hinreichend ist, ja daß dazu, selbst unter den günstigsten Umständen, kaum ein 2jähriger genügend sein würde. So allgemein lag aber die Frage gar nicht vor; denn es war, der speziellen Bestimmung des Instituts entsprechend und wie sich weiter unten näher zeigen wird, der Unterricht nur auf die pädagogische und die Wehr-Gymnastik einzuschränken, und selbst für diese Zweige der Gymnastik war der Unterricht nur auf die konkreten Thätigkeitskreise zu beziehen, in welche die resp. Eleven demnächst in der Armee und in den öffentlichen Schulen als Lehrer eintreten sollten.

Bei dieser in der speciellen Bestimmung des Instituts begründeten Einschränkung des Unterrichts- und Ausbildungs-Gebiets konnte nun aber nach den in einer Reihe von sechs Jahren gemachten Erfahrungen, ein 6monatlicher Kursus als wirklich hinreichend erachtet werden.

Daß nach Absolvirung desselben die ausgebildeten Eleven, selbst für ihren konkreten Wirkungskreis, das Institut nicht unmittelbar als in jeder Hinsicht vollkommen fertige Lehrer verlassen, ist eine ganz selbstverständliche Sache, die sich auch bei einem längeren Lehrkursus nicht anders stellen kann. Die Königliche Central-Turn-Anstalt kann hinsichts dessen in keiner anderen Lage sein, als jede andere Schule und Bildungs-Anstalt; denn keine vermag ihre Zöglinge fix und fertig für das Berufsfach und das Leben zu liefern. Keine Kriegs-Akademie entläßt nach dreijährigem Lehrkursus fertige Generalstabsoffiziere, kein theologisches und kein Schullehrer-Seminar in seinen besten Abiturienten einen fertigen Geistlichen und Schullehrer, so wenig wie aus der best organisirten Kunst-Akademie der Virtuose oder Meister unmittelbar hervorgeht. — Zu solchen Thatsachen, deren Erwägung mit vollstem Recht gefordert werden muß, kommt hier nun aber noch, daß die Eleven der Central-Turn-Anstalt Männer von Intelligenz und guter Bildung sind und daß sowohl die militairischen durch ihre vorangegangene Dienstpraxis, wie auch die Civil-Eleven durch ihre pädagogische Vorbildung und Lehrerthätigkeit sich bereits eine gewisse Umsicht und Routine in der erziehenden Behandlung Derer erwarben, die sie nun auch in gymnastischer Hinsicht unterweisen und ausbilden sollen.

Ist hiernach die seit 1858 eingetretene Verkürzung des Kursus vollkommen gerechtfertigt, so mag es doch nicht undienlich sein, noch hervorzuheben, daß zur Würdigung jener Anordnung keineswegs allein die Anzahl der Unterrichtsmonate in Betracht kommt, sondern zugleich die Zahl der Unterrichtsstunden, welche selbst jetzt immer noch mindestens 510 beträgt.

Außerdem sind die Lehrerkräfte, die innere und äußere Anordnung des gesammten Unterrichts, die Methode der Unterweisung und des Uebungsbetriebs, die wissenschaftlichen und technischen Unterrichtsmittel ꝛc. mit in Anschlag zu bringen. In allen diesen Beziehungen aber ist die Central-Turn-Anstalt so situirt, daß sie ihren Zweck in dem jetzigen 6monatlichen Kursus vollständig zu erfüllen im Stande ist, und kommt es zur gedeihlichen Förderung der Sache hauptsächlich nur noch darauf an, daß die zu gymnastischen Lehrern ausgebildeten Eleven nach dem Verlassen des Instituts alsbald auch wirklich in entsprechender Weise verwandt und unterstützt werden und daß sie selbst mit der Hingabe, Energie und Ausdauer thätig sind, welche die Würde und Wichtigkeit der Sache fordert.

IV.
System und Methode des Unterrichts.

Als die Central-Turn-Anstalt gegründet und der Unterrichtsplan für dieselbe zu entwerfen war, handelte es sich zunächst darum, ein System der Gymnastik einzuführen, welches den in der Kabinetsordre vom 6. Juni 1842 ausgesprochenen, wie überhaupt den für die gymnastische Erziehung der Jugend und des Soldaten zu stellenden Prinzipien und Forderungen wirklich entsprach. Als solches erwies sich das von dem Schwedischen Professor Ling aufgestellte System der rationellen Gymnastik, welches denn auch unter Berücksichtigung der besonderen Verhältnisse in dem Preußischen Erziehungswesen und der speciellen Aufgabe des Instituts dem Unterricht zu Grunde gelegt wurde.

Es ist zweifellos, daß Ling als der Schöpfer der rationellen, d. h. der wissenschaftlich begründeten, logisch durchdachten und entwickelten Gymnastik anzusehen ist. — Alle bis dahin theils von Aerzten, theils von Pädagogen gemachten Versuche, die seit dem Alterthum vergessene und verfallene Gymnastik wieder ins Leben einzuführen, folgten mehr oder weniger einer empirischen Eklektik, denen ebensowohl die rationelle Begründung und die daraus hervorgehende allseitige und organische Entwickelung, als auch die durch den Zweck bedingte, vernunftgemäße und einem vollkommenen System nothwendige Begrenzung der Uebungsarten und Bewegungsformen mangelte.

Es ist wohl einleuchtend, — und hierin haben sich die namhaftesten Pädagogen der neueren Zeit übereinstimmend ausgesprochen, — daß die Anatomie und Physiologie zu den wesentlichsten Grund- und Hülfswissenschaften der Gymnastik gehören, ohne deren Kenntniß der Turnlehrer bei Ausübung seines Berufs wie im Nebel herumtappen würde. Einwände, wie sie früher häufig gemacht wurden, man könne auch ohne diese Wissenschaften gehen, laufen, springen, klettern, überhaupt in jeder Weise sich bewegen, zeigten deutlich, daß man sich nicht klar war, an wen die Gymnastik jene Forderung stellte, und daß man den Wirkungskreis des Lehrers mit dem des Schülers verwechselte. Im Laufe der Zeit hat sich jedoch eine gesundere Anschauung Bahn gebrochen, so daß man wenigstens in Preußen heutzutage höchst selten auf Turnlehrer stößt, welche bei Ertheilung des gymnastischen Unterrichts rein empirisch verfahren und die Nothwendigkeit anatomischer Studien geradezu in Abrede stellen. — Die Verwerthung der anatomischen und physiologischen Lehren für die Gymnastik tritt nun zunächst in der Organik hervor und zwar in demjenigen Zweige derselben, welcher von den Bewegungs-Erscheinungen und Gesetzen des menschlichen Organismus handelt. Hieraus ergiebt sich dann die unmittelbare Basis der gymnastischen Bewegungslehre, eine Disziplin, ohne welche alle gymnastischen Anordnungen, Bewegungsformen, Betriebsregeln, die gymnastische Diätetik und Technik 2c. einer haltlosen, unlogischen Beliebigkeit verfallen. Schon die allernächste Aufgabe der Gymnastik: Herstellung und Erhaltung der Gesundheit, harmonische Entwickelung und Kräftigung des gesammten menschlichen Organismus erfordert nothwendig die Kenntniß jener Lehre.

Die Gymnastik beschäftigt sich jedoch nicht blos mit der leiblichen Seite des Menschen, sondern ebenso sehr mit seiner geistigen, und in dieser Beziehung findet sie in der Ethik und Aesthetik ihre näheren Bestimmungen, aus denen die Bedeutung und Stellung der Gymnastik zum menschlichen Leben, was sie eigentlich zu erstreben hat und welche Aufgabe ihrer bildenden Einwirkung gesetzt ist, näher hervorgeht.

Aus diesen Grundgedanken ergiebt sich die Gliederung des Ling'schen Systems in die vier Zweige der Pädagogischen, Wehr-, Aesthetischen und Heil-Gymnastik. Auf der Central-Turn-Anstalt bilden natürlich nur die ersteren beiden den Gegenstand des Unterrichts, weshalb es nöthig erscheint, darüber noch Einiges zu sagen.

Die Pädagogische Gymnastik hat im Allgemeinen die Bestimmung, dem menschlichen Organismus die allseitige und harmonische Ausbildung zu geben, welche die Grundbedingung einer kernigen und dauerhaften Gesundheit ist und den Leib in seinem organischen Bestand und seinen vitalen Verrichtungen zu einem tüchtigen Träger des vernünftigen Willens macht; — sie soll ferner dem Menschen diejenige Stärke und Gewandtheit verleihen, vermöge welcher er im Stande ist, sich in allen Lagen und Vorkommnissen des Lebens mit Umsicht und Sicherheit zu bewegen und zu bethätigen. In Folge dieser Wechselwirkung zwischen Leib und Seele trägt sie auch zugleich zur Hebung der psychischen und intellektuellen Kräfte bei und hilft alle jene moralischen Eigenschaften, wie Muth, Geistesgegenwart, Selbstvertrauen 2c. wecken und fördern, deren Besitz jedem Menschen von ersprießlichem Nutzen, dem Soldaten geradezu unentbehrlich ist.

Wird hiernach durch die Pädagogische Gymnastik der Mensch in den Stand gesetzt, den Körper unter die Herrschaft seines Willens zu bringen und die sich ihm von außen her entgegenstellenden willenlosen Naturmächte, Hemmungen und Hindernisse mit Leichtigkeit zu überwinden, so dient die Wehrgymnastik dazu, ihn vor Angriffen sicher zu stellen, welche Seitens anderer willensbegabter Wesen, Seitens anderer Menschen, gegen ihn gerichtet werden, also ihn wehrhaft und kampftüchtig zu machen, und steht mit ersterer durch die in ihr liegenden vielen erziehenden, Leib und Seele bildenden Momente in innigstem Zusammenhang.

Die Uebungen, welche diese beiden Zweige der Gymnastik umfassen, unterscheiden sich ihrer Natur und technischen Ausführung nach in 4 Hauptgattungen, nämlich in die

Freiübungen,
Rüstübungen,
Geräthübungen (Gewehrübungen) und
Fechtübungen.

Unter Freiübungen versteht man alle diejenigen Uebungen, bei welchen sich die Uebenden, ohne Benutzung irgend welcher technischen Apparate, auf dem gewöhnlichen Grund und Boden bewegen und dabei ihre äußeren Stützpunkte für die Bewegung im Wesentlichen nur auf diesem Boden und in ihren Füßen, als in ihren natürlichen Trägern, finden.

Rüstübungen dagegen sind solche Uebungen, welche an besonderen Gerüsten und Gestellen ausgeführt werden, deren Einrichtung noch wesentlich mitbedingend ist für die Art der Bewegung; auch finden dabei die Uebenden ihre Stützpunkte nicht blos in ihren Füßen, sondern ebenso sehr, ja oft allein in den Händen oder an anderen Körpertheilen.

Die Geräthübungen — und zu diesen sind die militairischerseits vielfach betriebenen Gewehrübungen zu zählen — bilden eine Zwischengattung zwischen den Frei- und Rüstübungen; man kann sie gleichsam als Freiübungen betrachten, zu deren Ausführung man sich kleiner tragbarer Handgeräthe (Stäbe, Hanteln, Gewehre ꝛc.) bedient, aber es sind eben diese Uebungen nicht reine Freiübungen, sofern dabei die Beschaffenheit und Gestalt der Apparate die Art der Bewegung modifizirt. Zu den Rüstübungen könnte man sie insofern rechnen, als sie unter Benutzung äußerer technischer Apparate stattfinden, aber es unterscheiden sich doch beide Gattungen dadurch charakteristisch von einander, daß, während zu den Rüstübungen örtlich befestigte oder bei der Uebung unverrückbare Apparate benutzt werden, an oder auf welchen der Uebende sich bewegt, zu den Geräthübungen örtlich bewegbare, vom Uebenden getragene Apparate dienen, in deren Handhabung eben die Uebung besteht. Die Geräthübungen vermitteln zugleich den Uebergang von den eigentlichen Uebungen zum gymnastischen Spiel, das in der Gymnastik der Jugend seine wohlberechtigte Stelle findet.

Die Fechtübungen fallen streng genommen in die Kategorie der Geräthübungen, weil die zum Fechtgebrauch benutzten blanken Waffen eigentlich nichts weiter als Handgeräthe sind, deren sich der Uebende bedient. Indeß bedingt doch der eigenthümliche Zweck dieser Uebungen, daß man sie als eine besondere Uebungsgattung aufstellt, in welcher der rein gymnastische Gesichtspunkt zwar Beachtung findet, jedoch nur in soweit, als der fechterische dadurch nicht beeinträchtigt wird.

In dem auf der Central-Turn-Anstalt maßgebenden System gelten die Freiübungen, zu denen neben den elementaren Gliedbewegungen auf der

Stelle noch die Gang-, Lauf- und Spring-Uebungen, ferner die Uebungen mit gegenseitiger Stützung, sowie die Schwimm- und Ringe-Uebungen gehören, als der eigentliche Kern und Stamm der gymnastischen Uebungen überhaupt. Ihre erziehenden Resultate sind so bedeutend, daß der hauptsächlichste Zweck der Pädagogischen Gymnastik sich in der That schon allein durch sie erreichen läßt, — ein Ausspruch, den die Gymnastik der Griechen, welche mit Ausnahme einiger wenigen, mit kleinen Handgeräthen ausgeführten Uebungen lediglich in Freiübungen bestand, am schlagendsten bestätigt. Ein so hoher Werth nun aber auch auf diese Uebungen gelegt wird, so werden darüber doch keineswegs die Rüstübungen vernachlässigt, welche im Gegentheil einen ganz wesentlichen und mit besonderer Vorliebe gepflegten Theil des Uebungsgebietes ausmachen und auf deren sorgfältigen Betrieb mit strengster Konsequenz gehalten wird, wenngleich unter Beachtung derjenigen Grenzen, die sich aus dem Begriff und der Aufgabe der rationellen Gymnastik von selbst ergeben und welche die Ausscheidung aller überflüssigen, keinen reellen Nutzen und praktische Verwerthung gewährenden, oder gar nachtheilig auf den Organismus einwirkenden Uebungen aus dem Betrieb bedingen.

Auch die Geräthübungen und Fechtübungen nehmen in dem rationellen System den ihnen mit Recht gebührenden Platz ein, erstere schon deshalb, weil sie manche eigenthümliche und nicht werthlose Bildungsmomente in sich fassen und, wie schon erwähnt, einen ganz passenden Uebergang von den nothwendigen und streng methodisch zu betreibenden Uebungen zu den gymnastischen Spielen bilden. —

Wie in der äußeren Ausstattung der Central-Turn-Anstalt, so ist auch bei Feststellung und der weiteren Ausbauung des Unterrichtspensums das Prinzip der Einfachheit und Zweckmäßigkeit entscheidend gewesen und hat bis auf den heutigen Tag zur Richtschnur gedient. Bei Befolgung dieses Grundsatzes hat man sich weder durch eine zu peinliche Rücksicht auf Beschränkung des Uebungsgebiets, noch durch einseitiges, starres Festhalten an gewohnte Formen leiten lassen, vielmehr vorurtheilsfrei alle sich darbietenden Uebungen, welcher Schule sie auch angehören mochten, geprüft und diejenigen in den Betrieb aufgenommen, deren wohlthätiger und kräftigender Einfluß auf den menschlichen Organismus außer Frage stand.

Wie in allen Erziehungs- und Unterrichtszweigen, so ist auch in der Gymnastik die Methode zunächst durch das System bestimmt, von welchem in Vorstehendem eine kurze Charakteristik gegeben worden ist. Indessen giebt es doch noch einige Punkte, die eine besondere Betrachtung erheischen.

Die Leibesübungen lassen sich entweder so betreiben, daß jeder Uebende als Einzelner die Bewegung ausführt, oder so, daß die Bewegung von einer größeren Anzahl Uebender nach Vorschrift gleichzeitig und gleichmäßig ausgeführt wird. Die letztere Betriebsweise bezeichnet man als Massenbetrieb, die erstere, sofern dabei die Individualität der Uebenden berücksichtigt wird, als individualisirenden Betrieb. Den **Massenbetrieb** gestattet die auf der Central-Turn-Anstalt geltende Unterrichts-Methode nur bei denjenigen Uebungen, welche ihrer Natur und Bestimmung nach von einer Gesammtheit von Uebenden ausgeführt werden müssen, prinzipiell also nur in solchen Fällen, wo der Uebende nicht als einzelnes Individuum, sondern als Glied eines taktischen Körpers auftritt. Es ist mithin die **individualisirende Betriebsweise** die vorherrschende. Man geht hierbei von der Ansicht aus, daß, soweit die Förderung der Gesundheit, die Ausbildung der natürlichen Anlagen, die harmonische Entwickelung und Steigerung der physischen und psychischen Kräfte und die Ausgleichung der durch die Lebensweise und Berufsthätigkeit herbeigeführten Störungen und Einseitigkeiten in der Aufgabe der Gymnastik liegt, diese Aufgabe nur unter Berücksichtigung der Individualität gelöst werden kann, und daß das Prinzip des Individualisirens im Betrieb um so entschiedener beachtet werden muß, je mehr in den angedeuteten Beziehungen die Individualität der Uebenden von den normalen Verhältnissen abweicht. In der Wehrgymnastik, also bei allen Fechtübungen, und ferner bei solchen Uebungen der pädagogischen Gymnastik, wo es sich um die Aneignung bestimmter, für die allgemeine Lebenspraxis nothwendiger Fertigkeiten handelt, muß das Individualisiren am schärfsten hervortreten, denn es ist klar, daß hierbei der Starke mit dem Schwachen, der Ungeschickte mit dem Gewandten, der Aengstliche mit dem Entschlossenen nicht wie über einen Leisten behandelt werden darf.

Schon aus dem Vorhergesagten geht hervor, daß in der Methode eines von solchen Gesichtspunkten ausgehenden gymnastischen Unterrichts, so sehr auch die **didaktischen** Momente dabei beachtet werden, doch die **erziehenden** überwiegend sind. Nicht auf das **Einüben** oder **Erlernen** der Bewegungen kommt es allein an, sondern auch und wesentlich auf das dem erziehenden Zweck am vollkommensten entsprechende **Ausüben** der bereits erlernten Bewegungen. Setzt das letztere ein vorhergegangenes richtiges didaktisches Verfahren als Bedingung voraus, so folgt doch daraus, daß im weiteren Verlauf des Unterrichtsbetriebes das Didaktische dem Päeutischen untergeordnet sein muß, weil jede gymnastische Uebung, sobald sie erlernt ist, aufhört, ein Gegenstand des Erlernens zu sein.

Wenngleich nun die Eleven angewiesen werden, in ihrem künftigen Wirkungskreise demgemäß zu verfahren, so tritt doch in dem Unterricht des Instituts selbst ein anderes, man könnte sagen, umgekehrtes Verhältniß ein. Die Eleven der Anstalt sind Männer von Intelligenz und Bildung, bei deren Uebungen die erziehenden Momente der Gymnastik zwar keineswegs außer Acht gelassen werden sollen, für welche aber doch der besondere Zweck des Unterrichts — die Lehrer-Ausbildung — gerade das Didaktische in den Vorbergrund stellt. Es macht sich das Didaktische nicht blos darin geltend, daß diese Eleven die mustergültige Ausführung der Bewegungen zu erlernen haben, sondern auch darin, daß sie ein klares Verständniß der Technik aller Uebungen erlangen, daß sie lernen, nicht nur jede zusammengesetzte Bewegung in ihre Momente und Elementarbewegungen zu zerlegen und hiermit zugleich des naturgemäßen Stufenganges in der kursorischen Aufeinanderfolge der Uebungen sich bewußt zu werden, sondern auch, welche vitalen Kräfte die Bewegungen bewirken, was naturgemäße Bewegungen sind und welchen Einfluß dieselben auf den Organismus haben, welche Bewegungen und Uebungsweisen naturwidrige und schädliche sind ꝛc.; daß sie ferner die Beziehungen der verschiedenen Uebungsarten zu einander und deren Bedeutung für die erziehenden Zwecke kennen lernen; daß sie für die Leitung der Uebungen Anderer lernen, die bei schwierigeren Uebungen nöthigen Sicherungen und Hülfen zu geben; daß sie mit der gymnastischen Terminologie und den Kommandos, sowie der richtigen Abgabe derselben gehörig vertraut werden; daß sie die Fehler, welche bei der Ausführung der Bewegungen vorkommen, mit raschem und sicherem Blick erkennen uud gehörig berichtigen lernen ꝛc. Der Uebungsbetrieb muß also einen vorherrschend instruktiven, unterrichtlichen und somit didaktischen Charakter erhalten.

Daß bei dem Unterricht in der Central-Turn-Anstalt auf die in der Gymnastik an und für sich schon liegenden und in ihrem Betrieb zur Geltung zu bringenden militairischen Momente ein bedeutendes Gewicht gelegt wird, entspricht der hohen Bedeutung, welche die Gymnastik anerkanntermaßen für das Staatswehrwesen hat. Es versteht sich von selbst, daß bei der gymnastischen Ausbildung der Militair-Eleven die militairischen Zwecke die allein maßgebenden sind. Dies ergiebt sich schon aus der Anordnung, nach welcher auf die Fechtübungen ein besonderer Werth gelegt und denselben ein beträchtlicher Theil der Unterrichtszeit gewidmet wird, und ferner daraus, daß den Rüstübungen noch gewisse Applikationsübungen angeschlossen werden, die sich direkt auf Fälle der Kriegspraxis beziehen. Außerdem aber nimmt der Unterricht in seiner instruktiven Betriebsweise, namentlich bei den Frei- und Gewehrübungen, alle die Beziehungen wahr, welche für die militairischen Exercitien, insbesondere für die Rekrutenausbildung, unmittelbar von Bedeutung sind.

Aber auch hinsichtlich des Unterrichts der Civil-Eleven verdienen die in der Gymnastik der Jugend zur Sprache kommenden militairischen Momente die sorgfältigste Beachtung. Zunächst trifft man hierbei auf die Grundforderung, daß die männliche Jugend überhaupt fähig werde, zur Ableistung ihrer Dienstpflicht im vaterländischen Heere herangezogen zu werden. Es ist nun thatsächlich festgestellt und liegt im Wesen der Gymnastik tief begründet, daß durch die Leibesübungen die Wehrdienstfähigkeit insofern gefördert wird, als nicht allein die Zahl der Dienstuntauglichen sich mindert, sondern auch die zur Fahne Einberufenen geeigneter werden, den Anforderungen des Kriegsdienstes zu genügen, denn gerade die rationelle Gymnastik erstrebt die Erfüllung aller jener physischen und psychischen Bedingungen: Gesundheit, Fähigkeit zu ausdauernden Kraftleistungen, körperliche Agilität und Gewandtheit, Muth, Selbstvertrauen, Besonnenheit, Gehorsam ꝛc., welche der Wehrdienst an das Individuum stellt. Ein anderes wohlzubeachtendes militairisches Moment liegt in allen denjenigen Uebungen und deren Betriebsweise, durch welche die Uebenden unmittelbar auf militairische Exercitien vorbereitet werden. Wohlverstanden „vorbereitet"; denn nicht soll die Schuljugend auf dem Turnplatz mit spezifisch militairischen Exercitien traktirt werden, nicht soll und will der gymnastische Unterricht den militairischen Erzieher und Exercirmeister entbehrlich machen, sondern im Verfolg ihres rein pädagogischen und gymnastischen Zweckes führen jene Uebungen von selbst dahin, daß die herangewachsene Jugend dem militairischen Instruktor rascher zu folgen im Stande ist, daß die Rekrutenausbildung dadurch gefördert und für die anderen Zweige des Heerdienstes ein Zeitgewinn erlangt wird. Solche Uebungen sind besonders die in das Gebiet der Freiübungen fallenden sogenannten Ordnungsübungen (taktische Elementar- und takto-gymnastische Uebungen). Durch sie lernen die Uebenden nicht blos als Einzelne für sich, sondern auch als Elemente einer Gesammtheit, eines bestimmt gegliederten Ganzen, nach einem leitenden Prinzip sich bewegen, durch sie gewöhnen sie sich an disziplinarischen Zusammenhalt und bilden ihren Ordnungssinn aus, sowie den Orientirungssinn für Raum- und Zeitverhältnisse ꝛc. Welche Vortheile hieraus für den ordnungsmäßigen Betrieb aller übrigen gymnastischen Uebungen entspringen, wie dadurch der späteren militairischen Ausbildung vorgearbeitet wird, und welche überaus günstige Rückwirkung alles dies auf die allgemeine Schuldisziplin hat, bedarf kaum der Erwähnung.

V.
Die Unterrichts-Kurse.

A. Der Winterkursus.

Der für Offiziere und Civileleven bestimmte Winterkursus wird alljährlich am 1. Oktober eröffnet und dauert, nur mit Unterbrechung durch 14tägige Weihnachtsferien, bis zum 31. März. Er umfaßt sonach circa 140 Uebungstage mit je drei bis vier Unterrichtsstunden, welche — mit Ausnahme der auf die Nachmittage verlegten applikatorischen Uebungen — in der Zeit von 8 Uhr Vormittags bis 12½ Uhr Mittags stattfinden. Nach jeder Unterrichtsstunde tritt eine kurze Erholungspause ein, und zwar nach der ersten Stunde eine von fünf Minuten, nach jeder späteren eine viertelstündige. Bei Anlage des Stundenplanes ist ferner nach Möglichkeit auf einen zweckmäßigen, den Körper nicht zu sehr fatiguirenden Wechsel der Uebungsarten Bedacht genommen. Der Unterricht zerfällt in den theoretischen und praktischen.

a. Der theoretische Unterricht.

Derselbe betrifft die Anatomie, Physiologie und allgemeine Diätetik, sowie das Wissenschaftliche und die Technik der Gymnastik.

Der anatomische 2c. Unterricht, mit dem zur Zeit der Oberstabsarzt Dr. Roth betraut ist und welcher wöchentlich vier Stunden in Anspruch nimmt, erstreckt sich, unter steter Beachtung seiner Beziehungen zur Gymnastik und der sich durch die verschiedenen Wirkungssphären der Militair- und Civil-Eleven ergebenden besonderen Gesichtspunkte, auf die Kenntniß

1. des Knochengerüstes des menschlichen Körpers als Grundlage des Bewegungs-Apparats, — Schädelknochen nur ganz im Allgemeinen, — der Knochenverbindungen (Gelenke) und der wichtigsten Bänder und Knorpel, namentlich an den Extremitäten;
2. des willkürlichen Muskelsystems, der Lagenverhältnisse und Wirksamkeit der wichtigsten Muskeln und ihrer Gruppirung nach den Gliedmaßen und deren Bewegungen;
3. der Athmungs- und Verdauungs-Organe im Allgemeinen, der wichtigsten Sätze über den Ernährungs- und Umbildungs-Prozeß, über das Blutgefäß- und Nerven-System;
4. der Grundzüge der allgemeinen Diätetik, namentlich soweit sie bei dem Betrieb der Gymnastik in Betracht kommt, und
5. der ersten nothwendigen Hülfsleistungen bei eingetretenen Körperverletzungen, bei Ohnmachten, bei Rettung Ertrinkender 2c.

Zur Veranschaulichung und zum besseren Verständniß des Vorgetragenen werden an den reichlich vorhandenen anatomischen Tafelabbildungen, Atlanten, Skeleten und Präparaten fleißig Erläuterungen gegeben, welchen Zweck auch die gegen Ende des Kursus im Gebäude der königlichen Anatomie stattfindenden Demonstrationen am menschlichen Kadaver verfolgen.

Die Vorträge über Gymnastik 2c. beginnen in der Regel erst mit dem dritten Monat des Kursus und behandeln, nach einem Ueberblick über den geschichtlichen Entwickelungsgang der Gymnastik:

1. die Feststellung des Begriffs, der Bedeutung und Aufgabe der Gymnastik;

2. die Gliederung des Systems der Leibesübungen;
3. die allgemeine gymnastische Bewegungslehre, sowohl in ihrem realen als formellen Theil, und endlich
4. das Technische der gymnastischen Uebungen, wobei auch über Konstruktion der Turn- Gerüste, Geräthe, Fechtwaffen ꝛc., über Anlage und Einrichtung von Uebungsplätzen, über Anordnung und Handhabung des Unterrichtsbetriebs im Ganzen das Erforderliche gesagt wird.

b. Der praktische Unterricht.

Wie schon bemerkt, hat sich die Central-Turn-Anstalt bei der weiteren Ausbauung des ursprünglich festgestellten Uebungspensums keineswegs durch eine einseitige und peinliche Befolgung des Ling'schen Systems der Gymnastik leiten lassen. Obwohl sie an der wissenschaftlichen Basis desselben, an seiner Grundanschauung, — bei den Uebungen, deren physiologische und diätetische Bedeutung zu berücksichtigen, diejenigen zu verwerfen, die dagegen verstoßen, sie maßvoll zu begrenzen, die geradezu unästhetischen auszuschließen, den praktisch verwerthbaren und aus pädagogischen Gründen empfehlenswerthen den Vorzug zu geben, — streng festgehalten, ist doch im Laufe der Jahre der Uebungsstoff mit einer ganzen Reihe von Uebungen bereichert worden, bei denen man nicht gefragt hat, welchem Turn-System sie eigenthümlich, sondern ob sie passend sind für den rationellen Betrieb. Es ist hierbei sowohl der Militair- als Civil-Coetus seine eigenen Wege gegangen, ohne jedoch den inneren Zusammenhang aufzugeben.

Der praktische Unterricht, welcher die Freiübungen, Rüstübungen, Geräthübungen (Gewehrübungen) und Fechtübungen, sowie gewisse, in militairischer Hinsicht außerordentlich wichtige Uebungen der angewandten Gymnastik (Applikations-Uebungen) umfaßt, beginnt naturgemäß mit den einfachsten und reinelementaren Uebungen und schreitet successive zu den zusammengesetzteren, ausgedehnteren und schwierigeren fort. Diese Anordnung, welche durch die von den Eleven etwa schon mitgebrachte gymnastische Vorbildung in keiner Weise tangirt wird, ist für den eigentlichen Zweck des Unterrichts, der als instruktiver gehandhabt werden und auf die Lehrer-Ausbildung gerichtet sein muß, eine unbedingt nothwendige, denn durch den auf den Elementen basirenden, methodischen Aufbau und durch die Beziehungen der späteren schwierigeren zu den früheren einfacheren Uebungen erproben die Eleven an sich selbst, in welcher Weise sie ihre Schüler mit fortschreitender körperlicher Entwickelung allmälig zu bedeutenderen Leistungen befähigen können und gewinnen den klarsten Einblick in die Prinzipien, welche beim Unterricht befolgt und von ihnen später zur Anwendung gebracht werden sollen.

1. Die Freiübungen.

Während für diese Uebungen im Militair-Coetus nur in den ersten zwei Monaten besondere Lehrstunden angesetzt sind, gehen die letzteren im Civil-Coetus durch den ganzen Kursus hindurch. Dies hat seinen Grund theils in der größeren technischen Vorbildung, welche die Offiziere und Unteroffiziere schon in Folge ihres Berufes mit zur Anstalt bringen und welche daher einen schnelleren Fortgang des Unterrichts gestattet, theils in dem Uebungspensum selbst, welches für die Civil-Eleven ein sehr umfangreiches ist, indem bei ihnen zu den auch mit den Militair-Eleven betriebenen Gliedbewegungen, Laufübungen und Uebungen mit gegenseitiger Stützung noch die Gang- resp. Marschirübungen (Ordnungsübungen) und die Ringe-Uebungen hinzutreten. Die Freiübungen finden übrigens auch in den für die Rüst- und Fechtübungen bestimmten Stunden vermöge ihres großen Werthes als ausgleichende, einleitende und Schluß-Uebungen vielfach Verwendung. Von den Applikations-Uebungen wird bei Besprechung des Unteroffizier-Kursus ausführlich die Rede sein. Hier sei nur erwähnt, daß dieselben an geeigneten Tagen mit den Militair-Eleven praktisch durchgenommen werden. Als Anhalt für den Betrieb dieser Uebungen bei den Truppen dient eine vom Dirigenten bearbeitete Anleitung, welche auch im theoretischen Unterricht des Frühjahrs-Kursus zur Erläuterung kommt.

2. Die Rüstübungen.

Welche Apparate bei diesen Uebungen benutzt werden, ist bereits bei Besprechung der Einrichtung der Anstalt angedeutet worden, bei welcher Gelegenheit auch erwähnt ist, daß die im kleinen Rüstsaal vorhandenen Gerüste ꝛc. lediglich für Civil-Turnzwecke bestimmt sind. Für die Militair-Eleven bezeichnen die bei den Truppentheilen hinlänglich bekannten „Uebungstabellen für den systematischen Betrieb der Militair-Gymnastik ꝛc. (6. Auflage)" den Umfang dieser Uebungen, während in Betreff des Civils in dieser Hinsicht auf den „neuen Leitfaden für den Turn-Unterricht in den Preußischen Volksschulen" und auf eine in nächster Zeit zu veröffentlichende „Zusammenstellung der gesammten Uebungen" verwiesen werden muß. Im Allgemeinen gelten bei dem Betrieb der Rüstübungen außer den schon früher besprochenen noch etwa folgende Gesichtspunkte:

1. stetiges Fortschreiten von einfachen zu zusammengesetzten, von leichten zu schweren Uebungen;
2. strenge Beachtung der Qualität der Bewegung, (d. h. der Form, Korrektheit ꝛc.);
3. vernunftgemäße Reihenfolge und Abwechselung in den an den verschiedenen Gerüsten ꝛc. vorzunehmenden Uebungen;
4. ebenmäßiges Durcharbeiten aller Körpertheile und Organe in den einzelnen Unterrichtsstunden;

eber Uebung Seitens des Lehrers;
:ellungen, namentlich so lange die Uebung noch
ierheit ausgeführt wird, und
ftungen.

Die Geräthübungen.

ı kommt nur eine Art von Geräthübungen, näm=
ım unterrichtlichen Betrieb. Der Werth dieser
nilitairischen Gewehrexercitien ꝛc. ist so allgemein
erscheint, sich darüber des Weiteren auszulassen.
en:
) einem Gewehr;
:inem Gewehr, und
a jeder Hand eins;
iftigung der Arm= und Rumpf-Muskulatur.
rg erhalten die Geräthübungen bei den Civil=Ele=
die Stabübungen, welche wegen ihrer vortreff=
ganze Körperhaltung eingehend durchgenommen
mit kleinen Handfeilen, mit dem langen Schwung=
ı und endlich mit den Sprungstäben. Außerdem
nigstens erläuterungsweise besprochen und, sofern
f dem freien Platz gestattet, auch praktisch durch=
piele, die sich zweckmäßig hier anknüpfen lassen.

Die Fechtübungen

Nilitair=Eleven von großer Wichtigkeit und um=
dem Fleuret, das Hiebfechten mit dem Rappier,
as Bajonetfechten. An den Bajonetfechtübun=
ıur die den Fußtruppen angehörenden Offiziere,
Artillerie=Offiziere dafür einen ausgedehnteren
ebfechten erhalten. Die Unterweisung im Bajo=
amtlichen „Instruktion vom Jahre 1865", im
schriftlichen Anleitungen des Dirigenten. Zur
e Art und Ausdehnung dieses Unterrichtszweiges
ten „Uebungstabellen" verwiesen. Die Central=
r Aufgabe gestellt, die Militaireleven in den ge=
jt blos zu tüchtigen Kontrafechtern, sondern auch
jubilden, und verwendet daher viel Zeit (durch=
ientlich) und große Mühe auf diesen Unterrichts=

ebenfalls Stoß= und Hiebfecht=Unterricht ertheilt,
den Hauptaccent nicht auf den fechterischen, son=

bern den gymnastischen Zweck dieser Uebungen und hat danach die Stundenzahl, welche in den zwei ersten Monaten wöchentlich vier, in den vier folgenden Monaten wöchentlich sechs beträgt, bemessen. Trotzdem erhalten diese Eleven sowohl einen gründlichen Einblick in den kursorischen Gang jener Uebungen, als auch Anleitung zum Kontrafechten, so daß sie, wenn sich in ihrem späteren Wirkungskreise Gelegenheit dazu bieten sollte, wohl im Stande sein dürften, Fechtunterricht zu geben, vorausgesetzt, daß sie die in der Anstalt erworbene praktische Fertigkeit sich bewahrt und durch fortgesetzte Uebung weiter ausgebildet haben.

5. Der applikatorische Unterricht.

In diesem Zweige des praktischen Unterrichts, welcher den Zweck hat, den Eleven unter Aufsicht und Anleitung der Lehrer Gelegenheit zu verschaffen zur selbsteigenen Unterweisung in den gymnastischen Uebungen, erkennt die Anstalt einen sehr wesentlichen Bestandtheil ihrer didaktischen Aufgabe und hat demselben daher eine beträchtliche Ausdehnung gegeben. — Der Unterricht findet täglich des Nachmittags statt, theils in den Räumen des Instituts, theils (für die Civileleven) im Joachimsthal'schen Gymnasium und in dem Turnsaal der Friedrichsstädtischen Knabenschule. Es versteht sich von selbst, daß derselbe erst dann beginnen kann, wenn die Eleven die erforderliche technische Vorbildung und eine genügende Vertrautheit mit den Bewegungsformen und mit der Handhabung des Uebungsbetriebes erlangt haben. Der Unterricht wird dadurch eingeleitet, daß das betreffende Uebungspensum noch einmal eingehend besprochen und durchgeübt wird, und bei solchen Uebungen, welche nach Kommando auszuführen sind, die Eleven zur Leitung derselben schon im kursorischen Unterricht des Oefteren veranlaßt werden.

Das Resultat ist namentlich für diejenigen 18 Militaireleven ein außerordentlich befriedigendes, welche in dem auf den Winterkursus folgenden Unteroffizierkursus als Hülfslehrer verwandt werden und in diesem Kommando eine in jeder Beziehung gründliche Vorbereitung für ihre spätere Wirksamkeit als selbstständige Lehrer erhalten.

B. Der Frühjahrskursus.

Nach dem Winterkursus beginnt unmittelbar der vom 1. April bis ult. Juni während Kursus für 162 resp. 164 Unteroffiziere von allen Waffengattungen, welche sich zu dem Ende bestimmungsmäßig schon am 31. März bei dem Dirigenten der Anstalt melden müssen.

Sein Zweck ist, die Unteroffiziere zu wohl instruirten und technisch tüchtigen Lehrergehülfen für die gymnastischen Uebungen bei den Truppen heranzubilden. Sie sollen also nicht später als selbstständige, unabhängige

Lehrer fungiren, sondern nur zur Unterstützung und unter Aufsicht solcher Offiziere Verwendung finden, welchen die Leitung der quäst. Uebungen übertragen ist.

Der Frühjahrskursus umfaßt im Ganzen gegen 72 Uebungstage mit durchschnittlich 240 Lehrstunden, welche nur des Vormittags stattfinden und in deren Zahl die zeitweise besonders angesetzten und auf die Nachmittage verlegten Dienststunden (zu Ermittelungen, militairischen Besichtigungen ꝛc.) nicht mit eingerechnet sind. Die kommandirten Unteroffiziere werden für den Unterricht unter Berücksichtigung der verschiedenen Waffen und Armeekorps-Verbände in 6 Hauptabtheilungen, deren jede wieder in 3 Unterabtheilungen zerfällt, mithin in 18 Unterabtheilungen eingetheilt, und jedem der als Hülfslehrer fungirenden 18 Offiziere eine dieser ca. 9 Mann starken Unterabtheilungen zur speziellen Ausbildung in den praktischen Uebungen überwiesen.

Der praktische Unterricht besteht für die Unteroffiziere der Infanterie, Jäger und Pioniere in Freiübungen, Gewehrübungen, Rüstübungen exkl. der Uebungen am Voltigirbock, Applikationsübungen und Bajonetfechten, für die Unteroffiziere der Kavallerie und Artillerie dagegen in Freiübungen, Rüstübungen einschließlich der sehr sorgfältig betriebenen Uebungen am Voltigirbock, Stoßfechten mit dem Fleuret und Hiebfechten mit Rappier, Pallasch und Säbel. — Es versteht sich von selbst, daß der Unterricht durchweg als instruktiver behandelt wird. Die Unteroffiziere lernen nicht blos die einzelnen Uebungen sicher und korrekt ausführen, sondern werden auch mit dem vertraut gemacht, was sie in ihrer späteren Wirksamkeit als Lehrergehülfen zu wissen und zu beachten haben, zu welchem Behuf für jede Hauptabtheilung wöchentlich vier besondere Instruktionsstunden angesetzt sind.

In diesen Stunden, mit deren Ertheilung die geeignetsten Hülfslehrer beauftragt werden, erhalten die Eleven nicht etwa einen wissenschaftlichen oder im strengen Sinne des Worts theoretischen Unterricht, sondern werden, ihrem Bildungsgrad gemäß, nur insoweit theoretisch informirt, daß sie ein dem Wirkungskreis des Lehrergehülfen entsprechendes Verständniß sowohl von dem Bewegungs-Apparat des menschlichen Organismus, wie auch von der Betriebsmethode und Technik der mit ihnen durchzunehmenden Uebungen erlangen. Das Nähere hierüber ist aus dem von dem Dirigenten verfaßten „Leitfaden zur Instruktion der Lehrergehülfen für die gymnastischen Uebungen bei den Truppen" zu ersehen, welcher diesem Unterrichtszweige zu Grunde gelegt wird.

Zu dem praktischen Unterricht der Unteroffiziere gehören noch gewisse, schon mehrfach erwähnte Applikations-Uebungen. Dieselben bestehen in Dauerlauf- und Spring-Uebungen, sowie in der Ausführung von Steige-, Kletter- und Schwing-Uebungen (sogen. Eskalabir-Uebungen) und werden zuerst im Uebungs- (Drillich-) Anzuge, demnächst mit Gewehr und Seitengewehr, hierauf im Exerciranzuge und endlich in feldmäßiger Ausrüstung betrieben. Die auf dem freien Platze der Central-Turn-Anstalt angelegte Hindernißbahn (DEF in der Figurentafel) wird hierbei derartig benutzt, daß die Uebungen an sämmtlichen einzelnen Hindernissen zuerst vom Anfangspunkt D an, dann in umgekehrter Reihenfolge vom Endpunkte F an, aber nur bis d, durchgenommen werden. Nachdem so das Ueberspringen, resp. Ueberschwingen und Uebersteigen der verschiedenen Hindernisse sowohl mit dem einzelnen Mann als in geschlossenen Abtheilungen (zweigliedrigen Sektionen zu vier Rotten) durchgeübt ist, erfolgt ohne Unterbrechung der Lauf durch die ganze Bahn, der schließlich noch dadurch erschwert wird, daß die Uebung mit einem einmaligen Umlauf um die Laufbahn ABC beginnt und schließt. Dabei wird, in der Richtung von D an, der Graben a mit Laufsprung übersprungen, die Traverse b mit Hochsprung, der Graben c mit Weitsprung, an der Traverse d mit ihrem Graben der Tiefsprung angewandt; die Barriere e mit raschem Auf- und Absitzen oder mit Ueberschwung genommen; das Eskalabirgerüst f an Tauen und schrägen Stangen erklettert und durch Aufschwung ꝛc. an den Querbäumen, dagegen das Herabkommen durch Senksprung bewirkt; an der Eskarpenwand g in den Graben hinabgestiegen oder dieser auf dem Balancirbaum überschritten; endlich die Pallisadirung h nach Emporspringen in den Stütz überstiegen und der Lauf bis F fortgesetzt. — Beginnt der Lauf von F an, so wird das Ersteigen der Eskarpe g unter Benutzung der Fugen und des Eskalabirgerüstes f an seiner vorderen Wand durch Schulterbesteigen und gegenseitige Hülfe der Uebenden, von dem Letzten aber durch Erklimmen an einem übergeworfenen Tau oder heruntergereichten Gewehr ermöglicht. — Aus diesen Detailangaben ist ersichtlich, daß die hier vorkommenden Bewegungen des Laufens, Springens, Kletterns, Aufschwingens ꝛc. an und für sich keine anderen als die in den Freiübungen und Rüstübungen schon vorkommenden sind; aber die gemeinsame Ausführung in geschlossenen Sektionen und die Berücksichtigung der militairischen Forderungen giebt diesen Uebungen einen besonderen Charakter. Die Gleichzeitigkeit, die Raschheit und Sicherheit, die Vermeidung alles unruhigen, überstürzenden Wesens, die geschickte und sichere gegenseitige Unterstützung, die vorsichtige Behandlung der Gewehre, die Ausdauer bei Erschwerniß durch Anzug, Armatur ꝛc., — das sind die Punkte, welche bei diesen Uebungen hauptsächlich ins Auge gefaßt werden.

Die zu Lehrern ausgebildeten Offiziere und Civileleven erhalten nach Beendigung des Kursus durch Vermittelung der Königlichen Ministerien des Krieges, resp. der Unterrichts-Angelegenheiten, Befähigungs-Zeugnisse nach den drei Prädikaten: sehr gut, gut, genügend; während für die Unteroffiziere Censurlisten zusammengestellt werden, in denen die Leistungen eines jeden in den einzelnen Unterrichtsbranchen, sowie seine Qualifikation als Lehrergehülfe nach den Prädikaten: sehr gut, gut, genügend, ziemlich genü-

 verzeichnet sind und welche ebenfalls durch das König=
m zur Kenntniß der Betheiligten, resp. der Truppen=
Diejenigen Unteroffiziere, welche rücksichtlich der durch=
fikation als Lehrergehülfe das Prädikat „sehr gut" sich er=
 demnächst ein Abzeichen an, welches aus einem am
Schulterklappen der Waffenröcke und Mäntel, resp. bei
 Achselschnur der Attilas und bei den Ulanen auf dem
vischen den Schuppen — der Epauletten zu tragenden
orte besteht.

Inhalts-Verzeichniß.

		Seite
I.	Entstehung und Gründung des Instituts	3
II.	Lage, lokale Einrichtung und technische Ausrüstung	7
III.	Organisation	10
IV.	System und Methode des Unterrichts	16
V.	Die Unterrichts-Kurse.	
	A. Der Winterkursus	22
	B. Der Frühjahrskursus	27